12a

Eckhard Seidel

Konfliktfrei führen?

Mitarbeiter zu Höchstleistungen führen und motivieren

Persönliches Arbeitsbuch von

1. Auflage 1990
2. Auflage 1990
3. Auflage 1991
4. Auflage 1993
5., überarbeitete Auflage 1997

ISBN 3-920400-54-2

Mitarbeit: Ernst-Walter Wehner
Verlag:
HelfRecht Verlag und Druck, D-95680 Bad Alexandersbad/Bayern
Herstellung und Druck:
HelfRecht Verlag und Druck, D-95448 Bayreuth/Bayern

Was Sie in diesem Buch lesen können

Ihre Bearbeitungs-Prioritäten*:

1. Liebe Leserin, lieber Leser!

2. Führungsstile wandeln sich

** Beachten Sie hierzu bitte die Erläuterungen am Schluß dieses Inhaltsverzeichnisses und im Abschnitt »Schaffen Sie sich Ihr persönliches Arbeitsbuch«.*

3. Der Mangel als Chance

4. Muß der Chef alles selbst machen?

5. Mitarbeiter wollen informiert sein

6. Die häufigsten Führungsfehler – und wie man sie vermeidet

Beispiele

Arbeitsempfehlungen

Abbildungen

Ein Hinweis zu den Bearbeitungs-Prioritäten:
Damit Sie dieses Buch möglichst effizient durcharbeiten, sollten Sie bei den einzelnen Abschnitten, Beispielen, Aufgaben und Abbildungen Prioritäten unter folgenden Gesichtspunkten setzen und in den jeweils dafür vorgesehenen Kreis eintragen:
1 = dies lese und bearbeite ich zuerst;
2 = dies ist ebenfalls wichtig, ich lese und bearbeite es anschließend;
3 = dies hat im Moment für mich keine hohe Priorität.

Liebe Leserin, lieber Leser!

1

Wem dieses Buch besonderen Nutzen bietet

Liebe Leserin, lieber Leser – vielleicht haben Sie sich schon gefragt, was das Fragezeichen im Titel dieses Buches (»Konfliktfrei führen?«) bedeutet. Die Antwort: Es soll Sie auf eine wichtige Tatsache hinweisen:

Wo Menschen zusammenarbeiten, gibt es immer wieder Spannungen und Konflikte. Dieses Arbeitsbuch soll helfen, entstandene Probleme möglichst reibungslos zu beseitigen.

Wo Menschen in einem Team zusammenarbeiten, gibt es immer wieder Spannungen und nicht selten auch Konflikte. Ein Versprechen, ohne solche Konflikte führen zu können, wäre deshalb unredlich und ginge an der Realität vorbei.

Dieses Arbeitsbuch verschließt nicht die Augen vor der Realität im Arbeitsalltag. Es soll vielmehr Hilfestellung dabei bieten, Spannungen zu vermeiden, soweit es geht. Treten aber dennoch Probleme auf, so soll Ihnen, verehrte Leserin und verehrter Leser, dieses Buch Anregungen vermitteln, wie Sie die entstandenen Konflikte beseitigen können.

Dieses Arbeitsbuch, das aus der unternehmerischen Praxis entstanden ist, wendet sich an all jene Führungskräfte, Unternehmer, Selbständige und Freiberufler, die aus voller Überzeugung sagen: »Die unternehmerische Aufgabe, die ich zu erfüllen habe, macht mir viel Freude. Ich möchte keinen anderen Beruf ausüben. Mein Ziel ist es, im Rahmen meines Unternehmens Positives zu bewirken und damit in einer freiheitlich orientierten Wirtschaftsordnung einen Beitrag für ein gesundes Wirtschaftssystem leisten. Mir würde diese Aufgabe der Unternehmensführung noch mehr Freude bereiten, wenn ich meine Mitarbeiter effizienter in die Realisierung der Unternehmensziele einbinden könnte.

»Konfliktfrei führen?« ist kein Rezeptbuch nach dem Motto: »Man nehme ...«. Denn für das Zusammenleben von Individuen lassen sich keine allgemeingültigen Regeln aufstellen; jede Situation unterscheidet sich von einer anderen und verlangt eine differenzierte Betrachtungsweise.

Schaffen Sie sich Ihr persönliches Arbeitsbuch

Die Anregungen dieses Buches können auf jede Situation umgesetzt werden. Verschiedene Fragen und Aufgabenstellungen helfen dabei.

Mein Ziel ist es, Ihnen durch dieses Buch Anregungen zu vermitteln, die Sie auf Ihre ganz spezielle Situation umsetzen können. Damit Sie diese Hinweise sofort verwerten können, werden Ihnen Fragen gestellt; Sie können zusätzlich Arbeitsempfehlungen bearbeiten.

Ich möchte Sie ermuntern, »Konfliktfrei führen?« als Ihr persönliches Arbeitsbuch zu verwenden. Beschreiben Sie daher auch Problemfelder so ungeschminkt, wie Sie diese empfinden. Da es keine Objektivität der Gefühle gibt, sollten Sie einerseits Ihre Enttäuschung, aber auch andererseits Ihre Freude deutlich und genau ausdrücken. Dann werden Sie die für die Realisierung von Zielen notwendige Energie aufbringen.

Das Aufschreiben von Vertraulichem setzt selbstverständlich voraus, daß dieses Praxisbuch Ihr persönliches Arbeitsbuch ist und bleibt.

Mit Beispielen möchte ich Ihnen zudem Orientierungshilfen bieten. Damit Sie die Beispiele schneller erkennen, sind sie *kursiv* gesetzt. Im Inhaltsverzeichnis gibt es deshalb auch eine Übersicht über die Beispiele, damit Sie sie schneller finden.

»Konfliktfrei führen?« ist ein Arbeitsbuch, in dem Sie Prioritäten setzen sollten.

Und eine weitere Empfehlung: Im detaillierten Inhaltsverzeichnis haben wir neben jede Zwischenüberschrift mit Seitenangabe einen Kreis ❍ gesetzt. Tragen Sie in diesen Kreis mit Bleistift eine Prioritätsziffer ein; Sie geben also an, in welcher Reihenfolge Sie die betreffenden Ausführungen durcharbeiten möchten.

Setzen Sie etwa die Ziffer 1 für alle jene Themenfelder, die Sie vorrangig bearbeiten möchten; eine 2 für die Bereiche, die Sie ebenfalls stark interessieren, die aber im Moment nicht so wichtig für Sie sind. Mit einer 3 versehen Sie schließlich jene Ausführungen, die Sie im Moment wenig tangieren. Die Priorität 1 empfehle ich auf jeden Fall beim Kapitel 3 (»Der Mangel als Chance«), damit Sie die richtige Einstimmung für die Verwertung dieses Buches bekommen.

Warum Sie mit Bleistift arbeiten sollten

Bitte arbeiten Sie nicht nur bei der Angabe der Prioritäten mit Bleistift. Sie wissen, daß in unserer schnellebigen Zeit nur eines Bestand hat: der Wandel. Arbeitsempfehlungen, deren Erledigung für Sie heute etwa keine Bedeutung hat, müssen möglicherweise – bedingt durch bestimmte Marktveränderungen – bereits morgen ganz dringend bearbeitet werden. Also kann es notwendig sein, die Prioritätsziffern zu verändern.

Arbeiten Sie in diesem Buch mit Bleistift – so können Sie beispielsweise Prioritätsziffern im Inhaltsverzeichnis leicht ändern.

Aber auch bei Ihren persönlichen Darstellungen, die Sie in diesem Arbeitsbuch zu Papier gebracht haben, wollen Sie ja unter Umständen später etwas verändern oder verbessern. Auch hier bietet es sich deshalb an, mit Bleistift zu arbeiten.

Was dieses Buch Ihnen bieten kann

Mein Ziel ist es, Ihnen mit diesem Arbeitsbuch praxisbezogene Anregungen dafür zu geben, wie Sie Ihre großartige Aufgabe, ein Unternehmen oder einen Unternehmensbereich zu führen, noch mehr genießen können. Mögen Sie in Zukunft zusammen mit Ihren Mitarbeitern Ihre Ziele noch optimaler und mit weniger Streß erreichen!

Gibt es einmal Probleme im Betrieb zu besprechen, so sollen Ihnen meine beruflichen Erfahrungen aus mehr als 25jähriger Tätigkeit in verschiedenen Führungsverantwortungen möglichst viel Nutzen bieten. Wenn Sie es schaffen, daß es bei Konfliktgesprächen nicht zu einem Sieger und einem Besiegten kommt, sondern zu zwei Gewinnern, dann haben Sie das Wesentliche erreicht.

Begeisterung auf die Mitarbeiter übertragen

Motivation hat nichts mit Tricks zu tun.

Im Untertitel dieses Buches verspreche ich, Ihnen Anregungen zu geben, wie man Mitarbeiter zu Höchstleistungen motiviert. Dabei geht es nicht um irgendwelche Tricks oder Kniffe, wie Sie Mitarbeiter zu besonderen Leistungen bewegen können. Nein! Es geht vielmehr darum, ein Feuer der Begeisterung zu entfachen, damit Ihre Mitarbeiter ihre Tätigkeit in Ihrem Unternehmen genießen und den Arbeitsalltag nicht als Last empfinden.

Was meine ich damit?

Antoine de Saint-Exupéry formulierte solche Gedanken wie folgt: »Wenn Du ein Schiff bauen willst, dann trommle nicht Männer zusammen, um Holz zu beschaffen, Aufgaben zu vergeben und die Arbeit einzuteilen, sondern lehre die Männer die Sehnsucht nach dem weiten, endlosen Meer.

Lassen Sie sich bei Ihren Bemühungen, Ihre Mitarbeiter zu führen, in erster Linie von diesem Gedanken leiten. Je mehr Nutzen Sie mit Ihren Dienstleistungen und/oder Produkten Ihren Kunden bieten, *Ihre Mitarbeiter diesen Nutzen auch erkennen und mit Begeisterung hinter diesen Nutzenbiete-Leistungen stehen,* desto leichter wird es Ihnen gelingen, Ihre Mitarbeiter zu Mitstreitern für Ihre unternehmerischen Ziele zu machen.

So machen Sie Ihre Mitarbeiter zu Mitstreitern für Ihre Ziele.

Ihr unternehmerischer Erfolg hängt ganz wesentlich davon ab, ob Ihre Mitarbeiter den Sinn ihrer beruflichen Hauptaufgaben im Blick auf den Kunden verstehen.

Der Arbeit einen Sinn geben

Zwei Beispiele dazu:

Was eine Schreibkraft und einen gewerblichen Mitarbeiter motivieren kann.

Wenn eine Schreibkraft weiß, daß das äußere Erscheinungsbild eines fehlerfrei geschriebenen Briefes Sympathie beim Leser erweckt und sie damit ihren Teil zum guten Image ihres Unternehmens beiträgt – dann wird sie eine andere, positivere Einstellung zu ihrer Arbeit haben, als wenn sie sich über die Wirkung des von ihr geschriebenen Briefes keine Gedanken gemacht hätte.

Oder stellen Sie sich einen Mitarbeiter in einem Automobilwerk vor. Glauben Sie nicht, daß er sorgfältiger arbeitet, wenn ihm bewußt wird, daß er mit seiner Sorgfalt zur Sicherheit des Fahrzeuges und somit zum positiven Image seines Unternehmens beiträgt?

Der Arbeit einen Sinn zu geben – das ist also das Ziel!

Eckhard Seidel

Führungsstile wandeln sich

2

Das erfolgreiche Führungskonzept der Vergangenheit hat seine Grenzen

In den Gründerjahren des industriellen Zeitalters sind Führungsstile entstanden, die dem damaligen Lebensstil entsprachen. Dynamische, tatkräftige Persönlichkeiten waren von einer Idee fasziniert und setzten diese Idee mit selbst erarbeiteten Leitlinien erfolgreich durch.

Früher war es selbstverständlich, daß ein Unternehmen autoritär geführt wurde.

Kaum jemand hat zu jener Zeit den Anspruch des Firmengründers, Ziele selbst zu formulieren, angezweifelt. Vom Mann oder der Frau an der Spitze, von dieser Persönlichkeit also, erwartete man klare Entscheidungen. Die Mitarbeiter wären sicherlich enttäuscht und verunsichert, ja führungslos gewesen, hätte es nicht die starke Hand einer autoritären Führungskraft gegeben.

Somit ergaben sich fast zwangsläufig gewisse Kennzeichen eines hierarchisch strukturierten, autoritären Führungsstils:

- ❒ Die Führungspersönlichkeit an der Spitze prägte den vorherrschenden Führungsstil.
- ❒ Es entwickelten sich klare Rangordnungen.
- ❒ Die Kommunikation war nach heutigen Maßstäben sehr lückenhaft.
- ❒ In der Regel gab es nur eine Weitergabe von Anweisungen von oben nach unten.

Die Folgen eines solchen Führungsstils sind und waren:

- ❐ Einer – und zwar die Führungspersönlichkeit – weiß viel, die anderen wissen aber wenig.
- ❐ Einer – der Mann/die Frau an der Spitze – entscheidet, die anderen werden nicht gefragt.
- ❐ Der Erfolg oder Mißerfolg hängt von der Leistungsfähigkeit und dem Entscheidungsgeschick einer einzigen Persönlichkeit ab.
- ❐ Fähige, verantwortungsbewußte und verantwortungsbereite Mitarbeiter fühlen sich in einem solchen Unternehmen unterfordert. Ihre Ideen interessieren niemanden. Sie arbeiten desinteressiert, sprechen die »innere Kündigung« aus oder suchen sich einen neuen Arbeitsplatz, an dem sie selbst mitgestalten können.

In einem autoritär geführten Unternehmen kommt es heute, oftmals zur »inneren Kündigung« wichtiger Mitarbeiter.

Welchen Führungsstil praktiziere ich? Welchen Entscheidungsspielraum lasse ich den Mitarbeitern? Wo ordne ich mich bei den in *Abbildung 1* (Seite 28) dargestellten Führungsstilen ein?

1. Heutiger Führungsstil

Hat sich der Führungsstil während der letzten Jahre geändert – etwa durch Veränderungen in der Führung? Wenn ja, wie wurde vorher geführt?

2. Früherer Führungsstil

Kennen die Mitarbeiter ihre Entscheidungskompetenzen? Durch welche Maßnahmen kann/muß ich hier eventuell für Klarheit sorgen?

3. Entscheidungskompetenz

Was die verschiedenen Führungsstile bedeuten

Der autoritäre Führungsstil hat in den letzten Jahren stark an Bedeutung verloren. Dafür gibt es eine Vielzahl von Gründen.

Die wichtigsten sind:

- Die demokratischen Gesetze gelten nicht nur in der Politik, sondern in allen Bereichen unseres Lebens. Es gibt nicht mehr den Patriarchen, dessen Meinung allein die richtige ist.

- Das Kritikbewußtsein wird bereits in der Schule stark gefördert. Nicht derjenige soll recht haben, der in der Rangordnung höher steht, sondern jener, dessen Argumente am überzeugendsten sind.

Schon früh werden unsere Jugendlichen dazu erzogen, sich eine eigene Meinung zu bilden.

- Der »mündige Bürger« wird durch alle Anbieter des Marktes sensibilisiert, sich ein eigenes Urteil über die Leistungsfähigkeit des Produktes X oder von der Dienstleistung Y zu machen.

Die folgende *Abbildung* stellt unterschiedliche Führungsstile dar. Sie unterscheiden sich durch den Freiraum, der Mitarbeitern bei Entscheidungen eingeräumt wird.

Führungsstile: Mitgestaltungsmöglichkeit der Mitarbeiter/Gruppe

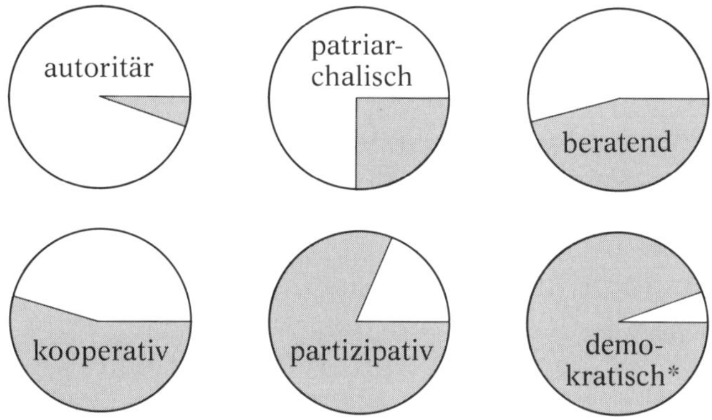

▭ = Entscheidungsspielraum der Mitarbeiter und/oder der Gruppe

* Dieser Führungsstil funktioniert nur, wenn die richtigen Voraussetzungen vorhanden sind (Ziele als Orientierungsrahmen, klare Kompetenzen in der Erfüllung der beruflichen Aufgaben, Mitgestaltungsmöglichkeit an Zielen und an der Beseitigung von Schwachstellen).

Nach: Tannenbaum/Schmidt, »signale 6/88«

Abbildung 1: Die verschiedenen Führungsstile und ihre Auswirkungen auf die Entscheidungsspielräume der Mitarbeiter.

Es gibt keinen richtigen und keinen falschen Führungsstil. Der Führungsstil, der in Ihrem Verantwortungsbereich praktiziert wird, muß zu Ihrer Persönlichkeit, zu den Persönlichkeitsstrukturen Ihrer Mitarbeiter und zur Organisationsstruktur des Unternehmens passen.

Änderungen, die Sie berücksichtigen sollten

Führungsstil

Aber: Machen Sie sich unbedingt die Änderungen bewußt, die sich in der Arbeitswelt vollziehen. Junge Menschen – die Führungspersönlichkeiten von morgen – wachsen in einem Umfeld auf, in dem permanent Entscheidungen demokratisch und nicht autoritär vorbereitet und schließlich auch umgesetzt werden!

Die Zahl der autoritär geführten Unternehmen wird weiter abnehmen.

Ich bin fest davon überzeugt, daß es heute, morgen und auch übermorgen erfolgreiche Firmen geben wird, die autoritär geführt werden.

Nur – die Zahl jener Unternehmen wird stark abnehmen. Die autoritären Führungspersönlichkeiten werden es sehr schwer haben, gute Mitarbeiter zu finden. Und: sie können sich nur durch einen noch höheren persönlichen Zeiteinsatz im Wettbewerbskampf behaupten.

Die tatsächlichen Aufgaben der Führungskräfte reduzieren sich dabei immer mehr auf die Wahrnehmung der fünf unternehmerischen Hauptaufgaben, auf die ich in diesem Kapitel noch ausführlich eingehen werde. Es bleibt immer weniger Zeit, auch Detailentscheidungen kompetent – aufgrund des Fachwissens, nicht aufgrund der Rangordnung – zu treffen.

Verantwortungsbewußte und verantwortungsbereite Mitarbeiter sind Partner des Unternehmers.

Jener Unternehmer wird jedoch in Zukunft erfolgreich sein und seinen Erfolg auch genießen können, der sich mit verantwortungsbewußten und verantwortungsbereiten Mitarbeitern umgibt. Mit Mitarbeitern also – im richtigen Sinne des Wortes Mit-Arbeiter als Partner –, die im Unternehmen Entscheidungen mittragen und verantworten.

Folgende Fragen möchte ich an jene Unternehmer stellen, die den autoritären Führungsstil praktizieren und/oder anstreben. Bitte setzen Sie sich mit diesen Gedanken auseinander:

Ist der Arbeitseinsatz der Führungspersönlichkeit zu hoch?

- ❒ Was geschieht, wenn diese Führungspersönlichkeit ausfällt?
- ❒ Welche Orientierungshilfen haben Mitarbeiter, um ihre Gedanken zum Wohle der Firma beizutragen?
- ❒ Verfügt diese Firma noch über qualifizierte Mitarbeiter, um bei einem kurzfristigen Ausfall der Führungspersönlichkeit das Unternehmen weiterhin gut zu führen?
- ❒ Ist der Erfolg des Unternehmens nicht mit einem hohen – zu hohen Preis des Arbeitseinsatzes der Führungspersönlichkeit erkauft worden?
- ❒ Kann die Führungspersönlichkeit sich überhaupt noch den »kleinen Freuden des Lebens« widmen?
- ❒ Wann ist Zeit für Familie und Hobby?
- ❒ Ist die Nachfolgefrage rechtzeitig geklärt?
- ❒ Haben die designierten Nachfolger überhaupt Interesse an der Übernahme der Firma?

Ein Beispiel zum Thema Unternehmens-Nachfolge:

Ich lernte einen Unternehmer kennen, dessen Motivation es war wöchentlich sechs Tage, täglich 12 bis 14 Stunden, zu arbeiten, um sei-

nen beiden Kindern ein florierendes Unternehmen überlassen zu können.

Nicht wenig überrascht war ich, als ich dann von diesen Kindern – es waren Jugendliche, die sehr deutlich ihre Meinung äußerten – hörte, daß sie auf keinen Fall das Unternehmen ihres Vaters weiterführen möchten. Im Hinblick auf ihre persönlichen Ziele wollten sie sich nicht so extrem wie ihr Vater engagieren.

Stürzt da nicht ein Kartenhaus von Illusionen zusammen? Einerseits gibt der Unternehmer vor – vielleicht ist es wirklich sein Motiv – soviel zu leisten, um seinen Nachfolgern ein florierendes Unternehmen zu übertragen. Andererseits lehnen die Kinder es jedoch ab, das Unternehmen weiterzuführen – gerade weil sie das Engagement ihres Vaters sehen!

Können Sie die Jugendlichen verstehen, die sich so äußerten? Können Sie sich vorstellen, daß diese jungen Menschen sicherlich in vielen Jahren ihrer Kindheit und Jugend bedauert haben, daß der Vater und vielleicht sogar die Mutter zu wenig Zeit für sie hatten? Wäre hier nicht mehr Zuwendung für die Kinder eine bessere Investition gewesen als manche zusätzlich für das Unternehmen aufgebrachte Stunde?

Wenn Sie in einer ähnlichen Situation sind, möchte ich Ihnen empfehlen, diese Gedanken auf sich zu übertragen und nach einer besseren Lösung zu suchen.

Jugendliche beurteilen das extreme Engagement ihrer Eltern durchaus kritisch.

Jugendliche haben heute oftmals – entstanden aus eigener Erfahrung – ein anderes Verständnis vom Arbeitsleben als ihre Väter und Mütter.

Welche Vorstellungen über die Unternehmens-Nachfolge habe ich? Bin ich für meine möglichen Nachfolger ein Vorbild?

4. Unternehmens-Nachfolge

Ein weiteres Beispiel zur Bedeutung der Entscheidungsverantwortung:

Wenn nur der Unternehmer entscheidet.

Ich kenne einen Unternehmer, der mehrere hundert Mitarbeiter beschäftigte. Für ihn gab es überhaupt keine Diskussion, wichtige Entscheidungen, auch große Investitionsentscheidungen, ausschließlich selbst zu fällen. Seine Aussage: es gehe schließlich doch um sein Geld! Ist es ein Zufall, daß diese Firma in wirtschaftliche Schwierigkeiten geriet?

Mitarbeiter sollten im wahrsten Sinne des Wortes Mit-Arbeiter bei der Umsetzung der Unternehmensziele sein.

Rein sachlich war es sicherlich richtig, daß es bei wichtigen Entscheidungen um das Risikokapital des Unternehmers ging. Ist aber das Kapital alles? Von den richtigen oder falschen Entscheidungen hängen sehr viele Schicksale von Mitarbeitern und deren Familien ab. Die Zeit sollte tatsächlich vorbei sein, in der man nur dem Chef an der Spitze das Recht zubilligt, über Unternehmensziele nachzudenken. Gewiß wird er die wesentlichen Weichenstellungen vornehmen, aber die Umsetzung der Ziele ist doch auf jeden Fall leichter, wenn er im Entscheidungsprozeß die Meinung seiner wichtigen Mitarbeiter einbezogen hat.

Kapitel 2

Anforderungen an Führungskräfte im Jahr 2000

Ein Unternehmen ist ein Markt starker immaterieller Bedürfnisse. Sinnvolle Arbeit, Chancengerechtigkeit, sicherer Arbeitsplatz, soziale Geborgenheit, Selbstentfaltung – all dies unterliegt zeitlichen Veränderungen. Die Bedürfnisse unmittelbar nach dem Zweiten Weltkrieg waren sicherlich anders als die heutigen – und dem muß die Führungspersönlichkeit im Jahr 2000 Rechnung tragen.

Eine Erkenntnis, die vor Jahrzehnten genauso gültig war, wie sie es heute ist.

Die Wirtschaftsmagazine sind voll von Visionen über das Unternehmer-Leitbild im Jahr 2000. Dr. Gustav Großmann, der Urheber der nach ihm benannten Großmann-Methode – er verstarb 1973 als 80jähriger –, schrieb aber bereits 1954: »Unsere Zukunft, das heißt der Lebenserfolg jedes Unternehmers und jedes leitenden Angestellten, auch das Wohl der Arbeiter und der gesamten Wirtschaft, hängt wesentlich davon ab, wie gut es den Unternehmern und den leitenden Angestellten gelingt, mit den feinsten Instrumenten zu arbeiten, die der Erdball kennt, nämlich mit den Menschen. Entweder schaffen wir den Betrieb der Zukunft, den Betrieb des Gedeihens – oder die Institution des Unternehmers wird von der Erde verschwinden.« (Aus: »Der Chef, nach dem sich die besten Kräfte reißen«, HelfRecht-Verlag)

Soweit Dr. Gustav Großmann. Mit den Worten unserer Zeit heißt das doch: An erster Stelle muß bei einer Führungskraft stehen, daß sie die

Fähigkeiten besitzt, mit Menschen umzugehen, also Menschen motivieren und führen zu können. So neu sind also die Gedanken gar nicht, die heute in bezug auf die Anforderungen an eine Führungskraft des Jahres 2000 genannt werden.

Ein weiteres Zitat weist auf den notwendigen »modernen Führungsstil« hin. Bereits Abraham Lincoln formulierte sinngemäß: »Ihr könnt Menschen nie auf die Dauer helfen, wenn ihr für sie tut, was sie selber für sich tun sollten und könnten.« Lincoln mag diesen Ausspruch für das politische Leben formuliert haben. Gilt er aber nicht genauso für das Miteinander im Berufsalltag? Entmündigen wir nicht unsere Mitarbeiter, wenn wir ihnen die Erledigung der Aufgaben abnehmen, die in ihren Zuständigkeitsbereich fallen? Mehr zu den Folgen eines derartigen Führungsstils lesen Sie in den Kapiteln 4 und 5.

Wie stehen Sie zu Ihrer Führungsaufgabe?

Woher nehmen wir die Überzeugungskraft, Mitarbeiter gut zu führen und zu motivieren? Quelle unserer Kraft sind die Freude an der und die Begeisterung für die Führungsaufgabe.

Gehen Sie einmal die folgenden Bewertungsskalen durch und kreuzen Sie an, wo Sie sich selbst einordnen. Wenn Sie bei allen Punkten in der Bewertungsskala bei 4 oder 5 liegen, werden

Sie überhaupt keine Schwierigkeiten haben, mit ansteckender Begeisterung Ihre Mitarbeiter zu Höchstleistungen zu führen. Die Leistungen werden dann in einem angenehmen, anspornenden Arbeitsklima nahezu spielerisch leicht erbracht.

Ordnen Sie sich aber in der Skala mehr in Richtung 0, 1 oder 2 ein, so sollten Sie zunächst genau über die Ursachen Ihrer Einstellung nachdenken und überlegen, wie Sie Veränderungen vornehmen können. Solange Sie stärker im linken Teil der Bewertungsskala liegen, wird es Ihnen ausgesprochen schwerfallen, Mitarbeiter zu begeistern. Es wird Ihnen genauso schwerfallen, sich selbst zu motivieren.

Abbildung 2: Wie identifiziere ich mich mit meinem Beruf?

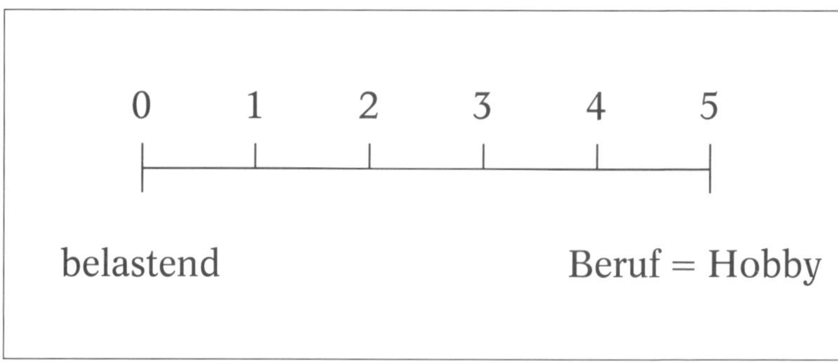

Empfinden Sie Ihre berufliche Aufgabe überwiegend als belastend oder als motivierend? Haben Sie eventuell eine Aufgabe übernommen, um jemandem – vielleicht den Eltern oder früheren Führungskräften – einen Gefallen zu tun?

Ideal ist es selbstverständlich, wenn Sie behaupten können, daß Ihr Beruf Ihr Hobby ist. Wenn Sie in Ihrer beruflichen Aufgabe Ihre Erfüllung finden, so wird Ihnen diese Aufgabe spielerisch leichtfallen. Ihr Markt erkennt dann Ihre guten Leistungen an, Ihr Unternehmen floriert, Sie haben einen guten Ruf und können überdurchschnittliche Erträge erwirtschaften.

Auch die Begeisterungsfähigkeit für eine berufliche Aufgabe hängt sehr eng mit der Identifikation mit dem Beruf zusammen: Die Identifikation mit der beruflichen Aufgabe wirkt stärker nach innen; man schöpft aus ihr Lebenskraft – oder man leidet unter einem falschen Beruf.

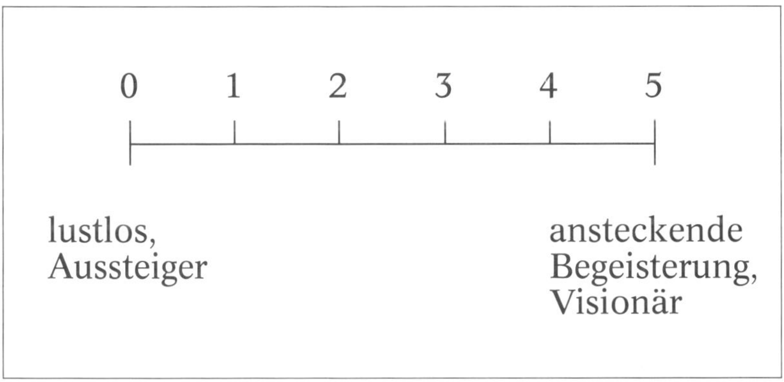

Abbildung 3: Begeistere ich mich für meinen Beruf?

Die Begeisterungsfähigkeit dagegen wirkt stärker nach außen. Sie ist ansteckend. Sie lähmt bei lustlosen Führungskräften die Schaffensfreude der Mitarbeiter und potenziert dagegen die Kräfte bei einem mit Elan und Zuversicht voranschreitenden Teamkopf.

Wichtig für die Ausübung Ihrer Führungsaufgabe ist aber auch, wie Sie persönlich zu Ihren Mitarbeitern stehen: Im ungünstigsten Fall sieht man in ihnen »Kostenfaktoren«. Lieber würde man ohne sie auskommen, aber es geht ja leider nicht ohne sie.

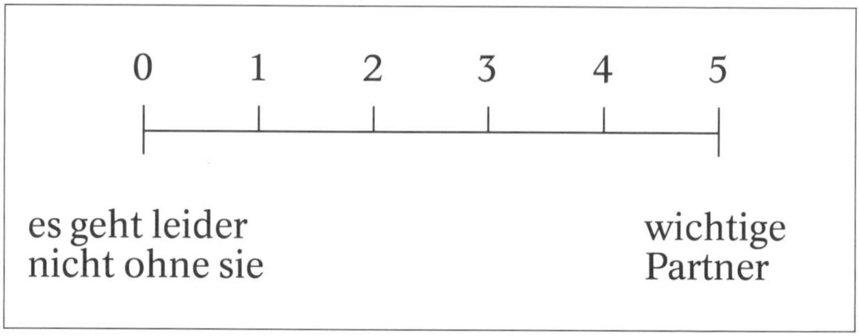

Abbildung 4: Welche Einstellung habe ich zu meinen Mitarbeitern?

Da sich dieses Buch schwerpunktmäßig mit der Mitarbeiterführung befaßt, hierzu drei krasse Beispiele:

Wenn Mitarbeiter für höhere Löhne büßen müssen.

Ich kenne ein früher sehr bedeutendes Unternehmen, in dem bei jeder tariflichen Lohnerhöhung die höhere Lohnsumme, die nun von dem Unternehmen aufzubringen war, genau ausgerechnet wurde. Das geschieht in jedem Betrieb. Hier aber der Unterschied: Bevor man überhaupt an andere Möglichkeiten dachte, wie diese Belastungen zu verkraften seien, wurde entschieden, wieviele Mitarbeiter entlassen werden müßten, um die betreffende Lohnsumme wieder einzusparen. Ist es verwunderlich, daß dieses Unternehmen heute nicht mehr existiert?

Ein weiteres Beispiel:

Sind Maschinen wichtiger als Menschen?

Eine Firma feiert ein rundes Betriebsjubiläum. In der Lokalpresse wird dieses Jubiläum mit einer großen Anzeige gefeiert. Markant wird in dieser Anzeige der ausgezeichnete Maschinenpark herausgestellt; die entsprechenden Bilder von computergesteuerten Maschinen erwecken Eindruck. Aber: Kein einziges Wort steht in der

Anzeige über die Leistungsfähigkeit der Mitarbeiter, ohne die alle Maschinen wertlos wären, ohne die das Jubiläum überhaupt nicht möglich gewesen wäre.

Und weiter:

Ein Mitarbeiter unserer Firmengruppe erzählte mir, wie an seinem Stammtisch über Firmenjubiläen gesprochen wurde: Ein Bekannter von ihm sagte, daß sein 25jähriges Betriebsjubiläum vom Firmeninhaber so kommentiert worden sei: »Haben Sie sich denn schon einmal ausgerechnet, was Sie der Firma in dieser Zeit gekostet haben?« Kein Wort der Anerkennung, geschweige denn ein Geschenk.

Mit diesen Negativ-Beispielen möchte ich Sie aufrütteln: Denken Sie immer wieder daran, welchen Stellenwert Ihre Mitarbeiter für Ihren Firmenerfolg haben!

Der Erfolg der Firmengruppe HelfRecht beispielsweise hängt sicher auch sehr eng damit zusammen, daß der Gesellschafter-Geschäftsführer Manfred Helfrecht seine Mitarbeiter als seine Partner bezeichnet und nicht nur davon spricht, sondern sie auch so behandelt.

Selbstverständlich sind wir mit unserem Führungsstil keine Ausnahme: Ich kenne durch meine Tätigkeit als Leiter von HelfRecht-Planungstagen sehr viele Unternehmen, deren Mitarbeiter begeistert berichten, daß sie sich keinen schöneren Arbeitsplatz wünschen könnten.

Führungsstil

Kosten Mitarbeiter nur Geld?

Sind Sie zur Delegation bereit?

Wenn Sie bisher überwiegend die Entscheidungen selbst getroffen haben, nun aber ernsthaft daran interessiert sind, sich zu entlasten und die Verantwortung auf mehrere Schultern zu verteilen so sollten Sie sehr bedächtig vorgehen.

Abbildung 5: Wie steht es mit meiner Bereitschaft zur Delegation?

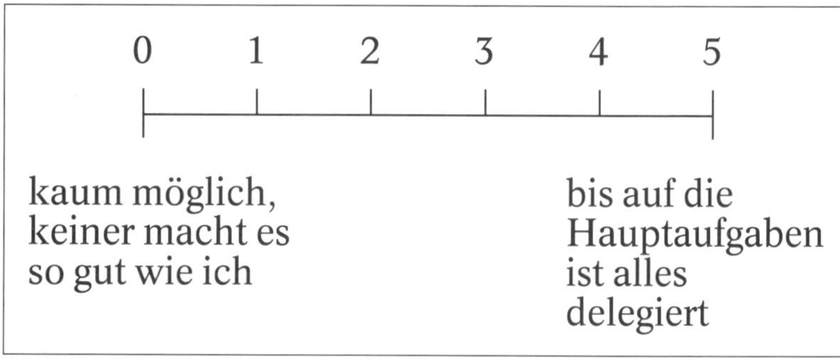

Ihr Führungsstil muß zu Ihrer Person, zu der Qualifikation der Mitarbeiter und zum Organisationsstil Ihres Unternehmens passen. Diese Faktoren können jedoch verändert werden. Aber nur in kleinen Schritten. Überfordern Sie sich nicht und auch nicht Ihre Mitarbeiter, denn alle Beteiligten müssen sich erst in die neu verteilten Rollen hineinfinden.

Sie entlasten sich, wenn Sie Ihren Mitarbeitern mehr Verantwortung geben.

Das schrittweise Übertragen von mehr Verantwortung auf Ihre Mitarbeiter werden Sie aber schaffen, wenn Sie an die dazu notwendigen Voraussetzungen denken: mehr Information an die Mitarbeiter geben, angemessene, an die Leistungsfähigkeit angepaßte Kompetenzen einräumen und die Mitarbeiter an Zielen und Verbesserungsmöglichkeiten mitgestalten lassen.

Das von Ihnen anzustrebende Idealziel ist es dabei, daß Sie sich »nur« noch auf die im nächsten Abschnitt beschriebenen Hauptaufgaben beschränken können.

Wie lang Ihr Arbeitstag ist, ist bei dieser Betrachtungsweise weniger wichtig. Hier kommt es vielmehr darauf an, wie Sie Ihren Arbeitstag erleben. Spielen Sie hektisch Feuerwehr, so zerrinnt Ihnen die Zeit zwischen den Fingern. Oder haben Sie das souveräne Gefühl, Ihre Zeit im Griff zu haben und auch bei einem langen Arbeitstag Ihre beruflichen Aufgaben genießen zu können?

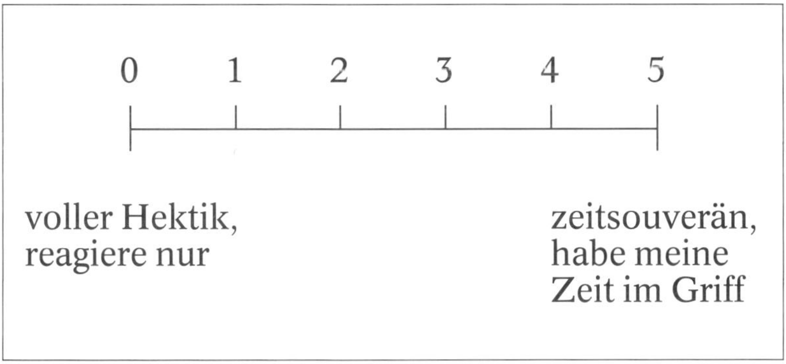

Abbildung 6: Wie sieht mein Arbeitstag aus?

Ein weiterer wichtiger Aspekt: Ihre Einstellung zur Zukunft!

Sie kann nämlich größte Chancen für Ihr Unternehmen bedeuten, aber auch erhebliche Gefahren heraufbeschwören. Wie sieht also Ihr Zukunftsbild aus? Sehen Sie ein Meer voller Entfaltungsmöglichkeiten? Springt diese Begeisterung auf Ihre Mitarbeiter über oder haben Ihre Mitarbeiter in Ihrem Unternehmen durch lustlose oder skeptische Führungskräfte keine Perspektiven mehr?

Denken Sie daran: Gerade die jungen Mitarbeiter, die mittelfristig Führungsverantwortung übernehmen sollen und sich eine berufliche Karriere aufbauen wollen, haben dazu doch nur dann das richtige Engagement und die richtige Begeisterung, wenn verlockende Perspektiven vorhanden sind. Und dafür müssen Sie sorgen!

Abbildung 7: Wie lautet meine Einstellung zur Zukunft?

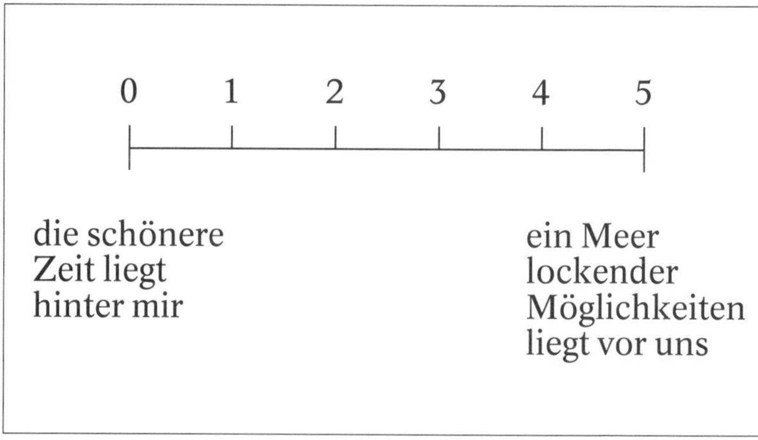

Die Hauptaufgaben einer Führungskraft

Unternehmer und Führungspersönlichkeiten sollten sich auf die fünf wesentlichen unternehmerischen Hauptaufgaben konzentrieren.

Die zuvor genannten Gedanken Dr. Gustav Großmanns hat Manfred Helfrecht, Gründer und Gesellschafter-Geschäftsführer des HelfRecht-Studienzentrums, in den HelfRecht-Planungstagen konkretisiert: Fünf unternehmerische Hauptaufgaben sind Pflichtaufgaben einer Führungskraft, um den heutigen Anforderungen und denen des Jahres 2000 gerecht zu werden.

Diese fünf Hauptaufgaben lauten:

A. Ich analysiere die Chancen unseres Unternehmens, entwickle die Unternehmens-Zielpläne und vereinbare mit meinen Mitarbeiterinnen und Mitarbeitern ihre persönlichen Ziele.

B. Ich bin verantwortlich für Auswahl, Führung, Motivation und Training meiner Mitarbeiterinnen und Mitarbeiter. Innerhalb der Geschäftsleitung arbeiten wir eng und kollegial zusammen.

C. Ich kontrolliere regelmäßig, ob wir unsere Ziele schon erreicht haben oder wie nahe wir ihnen gekommen sind.

D. Ich plane und organisiere meinen Verantwortungs- und Arbeitsbereich.

E. Ich schaffe und pflege wertvolle Kontakte.

❑ Hauptaufgabe A: Ich analysiere die Chancen unseres Unternehmens, entwickle die Unternehmens-Zielpläne

und vereinbare mit meinen Mitarbeiterinnen und Mitarbeitern ihre persönlichen Ziele.

Die Führungskraft von morgen denkt »visionär«, muß aber auch das Gespür für das Machbare haben.

Die erfolgreiche Führungskraft der Zukunft ist ein »Visionär«.

Sie analysiert zunächst die Chancen und Risiken des unternehmerischen Umfelds: Wo liegen die eigenen Stärken und Schwächen, wo die der Wettbewerber? Welche Bedürfnisse hat der Markt? Wie können sie befriedigt werden?

Sie verschafft sich Informationen über die Märkte, wählt daraus das Verwertbare aus, stellt sicher, daß die leitenden Mitarbeiter für die Erfüllung ihrer Aufgaben über die notwendigen Informationen verfügen und fordert alle Mitarbeiter permanent auf, ihre Gedanken zu den Unternehmenszielen beizutragen.

Die Führungskraft hat das Gespür, aus den vielen Informationen das Machbare herauszufinden.

Es gehört Kraft dazu, Ziele über einen längeren Zeitraum hinweg zu verfolgen.

Die Führungskraft versteht es, die Begeisterung für die lockenden Ziele auf die Mitarbeiter zu übertragen. Sie hat auch das Durchstehvermögen, über »Durststrecken« hinwegzukommen. Je größer die angestrebten Ziele, desto wahrscheinlicher wird es jedoch Hürden geben (mehr darüber in Kapitel 3).

Die Führungskraft muß auch über Durchstehvermögen verfügen, wenn sich Erfolge erst mittel- oder sogar erst langfristig einstellen. Dr. Gustav Großmann sprach in diesem Zusammenhang davon, von Zielen »beseelt« zu sein, sich also mit Zielen besonders identifiziert zu haben und sie auch wirklich erreichen zu wollen.

❐ Hauptaufgabe B:
Ich bin verantwortlich für Auswahl, Führung, Motivation und Training meiner Mitarbeiterinnen und Mitarbeiter. Innerhalb der Geschäftsleitung arbeiten wir eng und kollegial zusammen.

Eine große Herausforderung für jede Führungskraft ist die gute Durchführung dieser Hauptaufgabe. Noch nie vorher waren junge Menschen, die in das Berufsleben eintreten, durch Schulen und Universitäten so umfassend ausgebildet wie heute. Sie stellen an die Verhandlungs- und Überzeugungskunst einer Führungskraft viel höhere Anforderungen als die Arbeitnehmer früherer Jahre.

Die Führungskraft muß gleichzeitig locker und straff leiten. Einerseits muß und soll ein Handlungsspielraum für die Mitarbeiter vorhanden sein, andererseits muß alles Tun im Unternehmen eine eindeutige Richtung besitzen. Hier dienen die unternehmerischen Ziele als Leitlinie.

Die unternehmerischen Ziele stecken den Rahmen ab, in dem die Mitarbeiter sich mit individuellem Handlungsspielraum bewegen können.

Moderne Mitarbeiterführung bedeutet nicht Auflösung einer Hierarchie. Im Gegensatz zu der patriarchalischen Rangordnung sollte es eine stufenmäßige Aufbauordnung geben, in der jeder Mitarbeiter in seinem Zuständigkeitsbereich souverän ist und Entscheidungen innerhalb eines festgelegten Verantwortungsspielraumes (zumBeispiel im Rahmen der Beruflichen Situationsanalyse aus den HelfRecht-Planungstagen) selbst trifft.

Interessant hierzu ist eine Untersuchung über die Wünsche der Mitarbeiter an ihre Tätigkeit, die jede Führungskraft in ihrem Konzept für die Mitarbeiterführung berücksichtigen sollte.

Wünsche der Mitarbeiter*

Abbildung 8: Wünsche der Mitarbeiter an ihre Tätigkeit.

Das, so meinen Mitarbeiter, sei wichtig für ihre Tätigkeit ...	... und das, glauben Führungskräfte, sei ihren Mitarbeitern wichtig
1. Anerkennung für gut geleistete Arbeit 2. Genaue Kenntnis des Produktes und der Firmenzielsetzung 3. Eingehen auf private Sorgen 4. Gesicherter Arbeitsplatz 5. Gutes Einkommen 6. Interessante Arbeit 7. Wohlergehen der Firma 8. Loyalität zwischen Arbeitnehmer und Arbeitgeber 9. Gute Arbeitsbedingungen 10. Höflichkeit der Führungskräfte	1. Gutes Einkommen 2. Gesicherter Arbeitsplatz 3. Wohlergehen der Firma 4. Gute Arbeitsbedingungen 5. Interessante Arbeit 6. Loyalität zwischen Arbeitnehmer und Arbeitgeber 7. Höflichkeit der Führungskräfte 8. Anerkennung für gut geleistete Arbeit 9. Eingehen auf private Sorgen 10. Genaue Kenntnis des Produktes und der Firmenzielsetzung

* Unsere Erfahrungen aufgrund zahlloser Gespräche mit leitenden Mitarbeitern aus kleinen und mittelständischen Unternehmen.

Die wichtigsten Wünsche der Mitarbeiter sind also, anerkannt zu werden für gute Leistungen und darüber informiert zu sein, welche Ziele angestrebt werden.

Was Motivation bewirken kann

Im Bestseller »Auf der Suche nach Spitzenleistungen« von Peters und Waterman heißt es: »Jeder Mitarbeiter fühlt sich gut, der geachtet wird und sich selbst achtet.« Die Autoren bezeichnen dies als das Geheimnis für Produktivität und damit für den Erfolg.

Wie sich die Produktivität eines Betriebes mit motivierten Führungskräften steigern läßt, zeigt folgendes Beispiel:

Wie sich die Produktivität durch Motivation steigern läßt.

Ein Unternehmen in einem sehr stark umkämpften Markt schreibt Jahr für Jahr Verluste. Dem Inhaber gelingt es, den Betrieb an zwei Nachfolger zu verkaufen. Innerhalb von nur einem Jahr konnte bei gleicher Belegschaft und mit den gleichen Produkten der negative Trend umgekehrt werden. Bereits im zweiten Jahr schreibt man wieder Gewinne.

Noch einmal: Innerhalb von nur zwei Jahren wird die wirtschaftliche Situation eines Unternehmens vollständig verändert – und das bei den gleichen Mitarbeitern, den gleichen Produkten und den gleichen Marktverhältnissen. Das Erfolgsgeheimnis? »Nur« das Umsetzen dessen, was die beiden Erfolgsautoren schreiben. Die beiden neuen Besitzer hatten es verstanden, die Mitarbeiter zu motivieren, sie in ihre Zielerreichung mit einzubeziehen.

Eine besondere Herausforderung für die Führungskraft ist es also: Immer wieder zu unterscheiden zwischen Führen und Durchführen, damit den Mitarbeitern ein genügender Gestaltungs- und Entfaltungsspielraum für die Erfüllung von Aufgaben überlassen werden kann.

Weil es so wichtig ist, noch ein weiteres Beispiel:

Durch Mitarbeiter-Motivation vom Verlust zum Gewinn.

In dem Buch »Alles für den Kunden« schildert Jan Carlzon, der Vorstandsvorsitzende der skandinavischen Luftverkehrsgesellschaft SAS, wie er es erreichte, innerhalb sehr kurzer Zeit hohe Verluste zu beseitigen und erstaunliche Gewinne zu erwirtschaften.

Sein »Geheimrezept«: Die Mitarbeiter in die Entscheidungsprozesse mit einzubeziehen und die Entscheidungsbefugnisse dort zu erweitern, wo sofort Entscheidungen zum Wohle des Kunden zu treffen sind.

Das oberste Ziel war die Kundenerwartungen weitgehend zu erfüllen. So kam die SAS in den Erfolgskreislauf: Mitarbeiter-Motivation bewirkte Kundenzufriedenheit, beide zusammen ergaben ein außergewöhnlich gutes Betriebsergebnis.

Die traditionelle Gegnerschaft zwischen Arbeitgeber und Arbeitnehmer – weshalb wurde dieses Feindbild geschaffen? – muß durch einen partnerschaftlichen Führungsstil überwunden werden

– zum Nutzen des Unternehmens und somit auch der Mitarbeiter. Ein Mitarbeiter, der sich nicht nur als anonymes Rädchen in einem großen Getriebe fühlt, sondern erkennt, welchen Wert er durch die gute Erfüllung seiner Aufgaben für den gesamten Firmenerfolg besitzt, dieser Mitarbeiter wird mit Freude seine Arbeit erledigen und sie nicht als Last empfinden.

Führungsstil

Der Teamleiter hat die Aufgabe, Harmonie im Team zu gewährleisten. Er muß das Gespür haben, entstehende Probleme und Differenzen rechtzeitig zu erkennen und sie auszuräumen (weitere Ausführungen hierzu in den Kapiteln 4 und 5).

Der Teamleiter muß Geduld aufbringen und gut zuhören können. Heute hat man dafür das Schlagwort der »sozialen Kompetenz« geprägt. Es besagt, daß die Führungspersönlichkeit dazu fähig sein muß, andere Menschen – Kollegen, Mitarbeiter – in ihrem Handeln zu verstehen und mit ihnen angemessen umzugehen. Der Erfolgswille der Führungskraft soll dabei die Handlungen der Mitarbeiter beeinflussen, sie also in eine bestimmte Richtung bewegen.

Gefragt ist heute bei einer Führungskraft die »soziale Kompetenz« – also die Begabung, mit anderen Menschen angemessen umgehen zu können.

Partnerschaftliches Verhalten ist keine Modeerscheinung oder ein Rezept. Es ist vielmehr die konsequente Folge der Geisteshaltung, daß durch folgerichtiges Handeln zweier Menschen, die sich in ihren Begabungsstärken ergänzen, wesentlich mehr erreicht werden kann, als wenn sich einer allein »abmüht«.

»Wer allein arbeitet, der addiert, wer mit einem Partner arbeitet, der multipliziert.« (Orientalische Weisheit)

Eine besonders schwierige Lektion: Fehler akzeptieren

Gefragt wird nicht, wer der Schuldige für einen Fehler ist, sondern wo die Ursachen hierfür zu suchen sind.

Die demokratisch denkende Führungskraft akzeptiert es als unvermeidlich, daß Fehler bei der Aufgabenerfüllung im Unternehmen auftreten. Diese Fehler führen nicht zu persönlichen Diffamierungen, sondern einzig und allein zu der Ursachensuche. Es geht nicht darum, nach Schuldigen, sondern darum, nur nach Ursachen zu suchen (mehr zu diesem wichtigen Hinweis lesen Sie in Kapitel 3).

❒ Hauptaufgabe C:
Ich kontrolliere regelmäßig, ob wir unsere Ziele schon erreicht haben oder wie nahe wir Ihnen gekommen sind.

Die Führungskraft, die sich auf die wesentlichen Hauptaufgaben konzentriert, muß zwangsläufig viel delegieren. Zu delegieren sind dabei aber nicht nur Aufgaben, sondern auch Verantwortung.

Wichtig bei der Ausübung der Kontrollfunktion ist das richtige Augenmaß.

Damit nun aber die Aufgaben im Sinne der kurz-, mittel- und langfristigen Unternehmensziele erfüllt werden, ist es notwendig, daß die Führungspersönlichkeit an der Spitze ausreichende Kontrollfunktionen wahrnimmt. Es gilt hier, das richtige Augenmaß für die Kontrolle zu finden. Einerseits darf der Kompetenzrahmen nicht zu eng ausgelegt werden, damit sich die Mitarbeiter in ihrer Aufgabe, auch selbst Entscheidungen zu fällen, nicht zu stark beeinträchtigt fühlen; andererseits muß die Kontrolle so erfolgen, daß nichts geschieht, was nicht im Interesse eines Unternehmens ist.

Führungsstil

Die Folge eines zu häufigen Kontrollierens kann lustloses Arbeiten der Mitarbeiter sein, gepaart mit der Einstellung: »Weshalb soll ich mir besondere Gedanken machen, mein Chef überprüft dies ja sowieso und wird mögliche Verbesserungen schon vornehmen.«

Die richtige Ausübung der Kontrollfunktion ist eine sehr große Herausforderung für die Führungskraft. Sie muß je nach Zuverlässigkeit der jeweiligen Mitarbeiter differenziert werden.

Ein Beispiel zur Ausübung der Kontrollfunktion:

Perfekter Informationsstand durch optimale Kontrolle.

Ich erlebte folgenden Führungsstil eines Unternehmers: Er übertrug seinen Mitarbeitern einen sehr großen Entscheidungsspielraum. Die Mitarbeiter konnten die ausgehenden Post-Bestellungen, Auftragsbestätigungen, den üblichen Geschäftsschriftverkehr – allein unterschreiben. Gewiß wußten die Mitarbeiter, daß der Chef bei besonders schwierigen Entscheidungen, die man nicht selbst treffen wollte, angesprochen werden konnte und für diese Gespräche gern zur Verfügung stand.

Dieser Chef ließ sich von allen ausgehenden Briefen eine zusätzliche Kopie machen. Ich weiß, daß er diese Kopien in Leerlaufzeiten, wie bei langen Reisen, bei Wartezeiten und dergleichen, durchlas. Damit war er über die Geschäftsvorfälle im wesentlichen informiert; er konnte zusätzliche Informationen geben, wenn er der Meinung war, daß irgendein Vorgang anders oder besser hätte bearbeitet werden können. Und er verschaffte sich ein Bild über die Arbeitsweise seiner Mitarbeiter, was für ihn eine wichtige Information für eine gute Mitarbeiterbeurteilung war. So konnte er zu gegebener Zeit Gehaltserhöhungen vornehmen oder einen beruflichen Aufstieg in die Wege leiten.

Mit welchen Kontrollmaßnahmen verschaffe ich mir einen Überblick über die Geschehnisse in meinem Unternehmen?

❒ Hauptaufgabe D: Ich plane und organisiere meinen Verantwortungs- und Arbeitsbereich.

Auch wenn die Führungskraft nicht die Details der einzelnen Aufgabenabwicklungen kennt oder auch kennen soll, so muß sie doch über den erforderlichen Überblick verfügen. Sie muß erkennen, welche Organisationsabläufe den geringstmöglichen Reibungsverlust verursachen.

Fragen, wie etwa

- ❒ »Wer baut auf wessen Arbeiten auf?«
- ❒ »Welche Kompetenzen muß ich welchem Aufgabenbereich zuordnen?«
- ❒ »Welche Informationen braucht wer?«

Auch eine wichtige Aufgabe der Führungskraft: Sind unsere Arbeitsmittel noch up-to-date?

muß die Führungskraft beantworten können. Ferner muß sie sich immer wieder einen Überblick darüber verschaffen, welche Arbeitsmittel im Einsatz sind: Entsprechen diese Arbeitsmittel noch dem Stand der Technik oder gibt es bereits wesentlich einfachere Verfahren?

Hieraus ergibt sich als sehr arbeitsintensive Aufgabe die permanente Marktbeobachtung. Wie machen es die anderen? Welche Neuentwicklungen sind für mich interessant?

Bei dieser Hauptaufgabe kommt dem Arbeitsmittel Mangelbericht/Erfolgsbericht aus den HelfRecht-Management-Planungstagen die größte Bedeutung zu: Alle Mitarbeiter eines Unternehmens berichten mindestens einmal pro Monat dem jeweiligen Chef, welche Mängel und Probleme einen noch größeren Unternehmenserfolg behindern – und welche Verbesserungsmöglichkeiten es gibt. Zu jedem der angesprochenen Mängel erarbeitet der Mitarbeiter zusätzlich Vorschläge, wie sich diese Situation verändern, also verbessern ließe.

Wichtig: die Einstellung zum Mangel

Mängel dürfen nicht unter den Teppich gekehrt werden. Sie sind vielmehr Grundlage für zukünftige Erfolge.

Dieser durch nichts zu übertreffende Erfolgsbaustein kann aber erst dann richtig wirken, wenn alle im Unternehmen – sowohl der Unternehmensführer als auch die Mitarbeiter – die richtige Einstellung zum Sinn eines Mangels haben.

Durch unsere Erziehung sind wir nämlich im Umgang mit Mängeln falsch programmiert; es bedarf deshalb sicher einer Umgewöhnungsphase, bis die richtige neue Denkweise, welchen Sinn tatsächlich ein Mangel hat, erkannt und akzeptiert wird.

Ich möchte daher an dieser Stelle ausdrücklich davor warnen, daß Leser dieses Praktikerbuches ohne eine gründliche Vorbereitung Mitarbeiter auffordern, Mängel, die im betrieblichen Alltag auffallen, festzuhalten und an den Chef zu melden. Sie laufen Gefahr, die wichtigsten Mitarbeiter zu verlieren, solange diese nicht sehr behutsam an das richtige Verständnis der Funktion des Mangels herangeführt wurden. Auch bei dieser Bewußtseinsänderung im Umgang mit Mängeln liegt die Hauptverantwortung beim Chef. Er muß mit gutem Beispiel vorangehen und vorleben, daß ein offen angesprochener Mangel nicht zum Nachteil des Mitarbeiters war, in dessen Aufgabenbereich eine Verbesserung erreicht werden konnte.

Welche Informationsquellen habe ich, um jeweils gute Anregungen für eine Verbesserung der Organisationsabläufe zu erhalten?

6. Organisations-Verbesserungen

Ich zeichne ein Organigramm, wer in meinem Unternehmen mit welcher Kompetenz ausgestattet ist. Sind alle Zuständigkeiten klar? Gibt es Grauzonen, für die sich niemand zuständig fühlt? Gibt es Kompetenzüberschneidungen?

7. Organigramm

❒ Hauptaufgabe E: Ich schaffe und pflege wertvolle Kontakte.

Welchen Stellenwert hat die Schaffung und Pflege wertvoller Kontakte für Sie persönlich?

Wieviel Prozent Ihrer Arbeitszeit widmen Sie der Kontaktpflege? Ist für Sie die Kontaktpflege nur ein notwendiges Übel, dem man sich widmet, wenn gerade Zeit ist? Oder haben Sie für die Kontaktpflege die gleichen verbindlichen Termine für sich festgehalten, wie für Besprechungen mit Ihren wichtigsten Kunden?

Zu wem sollten Sie gute und regelmäßige Kontakte pflegen?

Intern:

Nicht selten wird behauptet, daß der mittelständische Unternehmer, der freiberuflich Tätige oder der Selbständige bei ihren Entscheidungsfindungen oftmals isoliert sind. Woher bekommt man die wichtigen Informationen, um die für das Unternehmen richtigen Entscheidungen zu treffen? Wen gibt es als kritischen Zuhörer, um formulierte Gedanken auf ihre Erfolgswirksamkeit überprüfen zu können?

Kontaktpflege zu den wichtigsten Mitarbeitern im Unternehmen ist ein wesentliches Element gekonnter Motivation.

Die Kontaktpflege beginnt bei den regelmäßigen Besprechungen mit den wichtigsten Mitarbeitern im Unternehmen. Jene Mitarbeiter sind dabei besonders von Bedeutung, die den Mut haben, die Meinung des Chefs auch einmal in Frage zu stellen.

Winston Churchill sagte sinngemäß: »Wenn zwei immer das Gleiche sagen und denken, dann ist einer überflüssig.«

Ermuntern Sie also Ihre Mitarbeiter, konstruktive Kritik zu üben, wenn Sie das Gefühl haben, daß bei heranreifenden Entscheidungen wichtige Faktoren nicht berücksichtigt wurden.

Führungsstil

Sind Sie gegenüber neuen Ideen immer aufgeschlossen? Bedenken Sie, was aus diesen Ideen für Sie umsetzbar ist. Gerade die Unbefangenheit der Jugend ist ein Erfolgsbaustein besonderer Art. In der Firmengruppe HelfRecht kommen nicht selten recht unorthodoxe Gedanken von Jugendlichen, die nützliche Anregungen für unsere Ziele beinhalten.

Auch Jugendliche sollten in die Zielplanung einbezogen werden.

Lassen Sie Auszubildende in Führungsverantwortung hineinwachsen

Gerade unter dem Aspekt der Veränderung der Bevölkerungsstruktur (die »Alterspyramide« ist auf den Kopf gestellt; es gibt bald wesentlich mehr alte als junge Menschen) kommt der guten Ausbildung der Jugendlichen als unseren zukünftigen Fach- und Führungskräften besondere Bedeutung zu.

Die Jugend von heute ist unsere Zukunft.

Rechtzeitig sollten Sie sich daher ein Bild über den Leistungsstand und den Einsatz Ihrer Auszubildenden verschaffen, um zu erkennen, wer sich für Führungsaufgaben empfiehlt.

Als Beispiel unsere Erfahrungen in der Firmengruppe HelfRecht: Ingrid Stephan, Bilanzbuchhalterin und Führungskraft, hat unter anderem die Hauptaufgabe »Betreuung der Auszubildenden«.

Leistungen der Auszubildenden müssen nach einheitlichen Kriterien beurteilt werden.

Da die Auszubildenden alle Abteilungen der Firmengruppe kennenlernen, erarbeitete Ingrid Stephan ein überall eingesetztes Beurteilungsschema. Dadurch ist eine gerechte Bewertung möglich; die erbrachten Leistungen werden transparent, weil für alle Auszubildenden in allen Abteilungen die gleichen Beurteilungs-Kriterien gelten.

Selbstverständlich wird der Auszubildende in einem ausführlichen Gespräch über seine Bewertung informiert; er selbst hat zudem die Möglichkeit einer Kurzbeurteilung: »Wie habe ich die Ausbildung in der betreffenden Abteilung empfunden?« und zum Beispiel: »Für welche Aufgaben habe ich mich besonders interessiert?«. Gerade hier können wichtige Erkenntnisse über ausgeprägte Neigungen des Auszubildenden gewonnen werden, so daß sein späterer beruflicher Einsatz den Interessen beider Seiten optimal entspricht.

Bereits die Auszubildenden arbeiten mit der Beruflichen Situationsanalyse.

Für die Identifikation eines jungen Mitarbeiters mit »seiner Firma« trägt sicher auch bei, daß er schon während seiner Ausbildung mit der Beruflichen Situationsanalyse aus dem HelfRecht-Planungssystem arbeitet. Zwei Hauptaufgaben gelten dabei während der Ausbildung in allen Abteilungen:

Hauptaufgabe A:
Ich arbeite mich bestmöglich in die betreffende Abteilung ein.

Hauptaufgabe B:
Ich biete dem Unternehmen schon während meiner Ausbildungszeit bestmöglichen Nutzen.

Nach Abschluß des jeweiligen Ausbildungsabschnittes beurteilt der Abteilungsleiter den Auszubildenden dann nach den folgenden Kriterien:

❒ *I. Ausbildungs- und Arbeitsinteresse (firmenbezogenes Denken)*

Wie ist das Interesse des Auszubildenden an Ausbildungsinhalten und Informationen? Greift er Probleme selbständig auf? Wie ausgeprägt sind Einsatz und Initiative bei übertragenen Aufgaben?

1 *Sollte manchmal stärkeres Interesse am Ausbildungsinhalt und an der Arbeit zeigen. Braucht häufiger Anstoß von außen. Muß sich mehr mit Ausbildungsinhalten und Aufgaben beschäftigen.*

Arbeitsinteresse, Kenntnisse, Arbeitsdurchführung und Zuverlässigkeit sind wichtige Beurteilungs-Kriterien.

2 *Ist am Ausbildungsinhalt und an der Arbeit interessiert, braucht selten Anstoß von außen. Steht Problemen aufgeschlossen gegenüber und zeigt Initiative.*

3 *Zeigt eine erfreuliche Einsatzbereitschaft und Aktivität. Ist an den fachbezogenen Problemen interessiert. Auch schwierige Aufgaben werden selbständig aufgegriffen.*

4 *Zeigt ausgeprägtes Interesse und hohe Einsatzbereitschaft bei der Beschäftigung mit Ausbildungsinhalten und Aufgaben. Ist auch an umfassenden Zusammenhängen interessiert. Auch schwierige Aufgaben werden mit Energie angepackt und selbständig zu Ende geführt.*

Auch die Fachkenntnisse werden beurteilt.

❐ *II. Fachkenntnisse*

Wie sind – gemessen am geforderten Ausbildungsstand – die Kenntnisse des Auszubildenden?

1 *Nach gründlicher Unterweisung lassen die Kenntnisse eine zufriedenstellende Erledigung nur bei einfachen Tätigkeiten zu. Darüber hinaus wird die Hilfe anderer benötigt.*

2 *Besitzt die erforderlichen Kenntnisse, um nach entsprechender Anleitung die übertragenen Aufgaben auszuführen.*

3 *Verfügt über umfangreiche Kenntnisse, so daß nach einer Unterweisung auch schwierige Aufgaben weitgehend ohne weitere Anleitung ausgeführt werden.*

4 *Verfügt über ausgezeichnete Kenntnisse, so daß nach einer Unterweisung auch sehr schwierige Aufgaben ohne weitere Anleitung erfolgreich ausgeführt werden.*

Wie bewältigt der Auszubildende seine Aufgaben?

❐ *III. Arbeitsdurchführung*

Wie geschickt packt der Auszubildende die ihm im Rahmen der Berufsausbildung übertragenen Aufgaben an?

In welchem Ausmaß beherrscht er die erforderlichen Fertigkeiten?

1 *Arbeitet noch wenig geschickt. Sollte sich bei Ausführung der Aufgaben um ein praktischeres Vorgehen bemühen. Die Fertigkeiten zur Bewältigung einfacher Arbeiten werden ausreichend beherrscht.*

2 *Arbeitet sicher und geschickt. Die Fertigkeiten ermöglichen eine zufriedenstellende Arbeitsausführung.*

3 *Erkennt die richtige Vorgehensweise und führt die Arbeiten sehr geschickt aus. Die Fertigkeiten werden bereits gut beherrscht.*

Wird die Arbeit rationell und geschickt erledigt?

4 *Bearbeitet auch schwierige Aufgaben sehr geschickt. Findet besonders praktische Lösungswege. Zeigt hinsichtlich der Fertigkeiten ein hohes Maß an erfolgreicher und zweckdienlicher Anwendung.*

❒ *IV. Zuverlässigkeit*

Wie umsichtig und gewissenhaft erledigt der Auszubildende die ihm im Rahmen der Berufsausbildung übertragenen Aufgaben? Wie beachtet er Arbeitszeit, Anweisungen und Vorschriften, die erteilt werden und bestehen?

Werden Vorschriften und Anweisungen befolgt?

1 *Nicht alle Arbeiten werden sorgfältig genug ausgeführt. Arbeitszeit, Anweisungen und Vorschriften sollten besser beachtet werden.*

2 *Erledigt Aufgaben mit Umsicht und Gewissenhaftigkeit. Hält Arbeitszeit, Anweisungen und Vorschriften ein.*

3 *Aufgaben werden sehr sorgfältig und verantwortungsbewußt ausgeführt. Fehler unterlaufen selten. Arbeitszeit, Anweisungen und Vorschriften werden zuverlässig eingehalten.*

4 *Zeigt beispielhafte Umsicht und Gewissenhaftigkeit. Auf die einwandfreie Erledigung der Aufgaben kann man sich verlassen. Arbeitszeit, Anweisungen und Vorschriften werden vorbildlich beachtet.*

Gute Kontakte sind wichtig

Durch Schaffung und Pflege wertvoller Kontakte zu wichtigen Gruppen unserer Gesellschaft schaffen Sie Vertrauen für Ihr Unternehmen.

Extern:

Hier möchte ich nur einige Kontaktmöglichkeiten ansprechen und Sie bitten, eine Liste anzulegen, welche Kontakte für Ihr Unternehmen besonders wichtig sind.

❒ Kunden:
Ich habe immer wieder festgestellt, daß die Verkaufsbemühungen der Außendienstmitarbeiter wesentlich unterstützt wurden, wenn die Geschäftsleitung in regelmäßigen Abständen die wichtigsten Kunden besuchte. Die Kunden honorierten diese Wertschätzung, die man ihnen gegenüber erbrachte, durch eine besondere Treue.

- Lieferanten:
  Nutzen Sie das Know-how, das bei Ihren Lieferanten vorhanden ist, für eigene Entwicklungen aus. Der enge Kontakt etwa des Industrieunternehmens THERMODACH (Firmengruppe HelfRecht) zu einem der Hauptlieferanten hat nicht wenige neue Produktentwicklungen begünstigt.

- Banken:
  Der Kontakt zur Hausbank kann Ihnen ebenfalls nützliche Informationen beschaffen. Ein Außenstehender kann Sie ohne die sprichwörtliche Betriebsblindheit bereits im Anfangsstadium auf Ungereimtheiten in Ihrem Betrieb ansprechen, bevor diese überhaupt zu einem Problem werden. Die Bank verfügt über sehr viele Kontakte und ein großes Informationspotential, von dem auch Sie für Ihre unternehmerische Tätigkeit sehr viel profitieren können.

Ganz wichtig: der Kontakt zur Hausbank.

- Behörden, Ämter:
  Die vielen Gesetze, Bestimmungen oder Verordnungen sind für einen Unternehmer heute kaum mehr überschaubar. Welche Bestimmungen sind für Ihr Unternehmen besonders relevant? Was muß beachtet werden? Ein enger Kontakt mit den zuständigen Stellen gibt Ihnen die Sicherheit, nichts zu übersehen.

Denken Sie dabei auch an das Anerkennungsbedürfnis, das jeder Mensch hat. Wenn Sie auch in manchen Sachfragen zwangsläufig eine andere Meinung – etwa bei einer Bewertungsfrage in der Steuererklärung – haben als ein Finanzbeamter, so wird Ihnen dennoch ein Mitarbeiter dieser Behörde möglicherweise

Jeder Mensch hat das Bedürfnis nach Anerkennung – und ein lobendes Wort öffnet so manche Tür.

Wege aufzeigen, die Ihnen bisher gar nicht bekannt waren – vorausgesetzt, Sie haben diesem Mitarbeiter gezeigt, daß Sie ihn als Mensch schätzen! Er wird auf jeden Fall den Ermessensspielraum, den Gesetze und Bestimmungen immer wieder lassen, zu Ihren Gunsten auslegen. Vermeiden Sie eine Konfrontation, sie zahlt sich nie aus.

❒ Presse:
Für viele Unternehmer sind Journalisten Personen, mit denen man besser keinen Kontakt pflegen sollte. Aber überdenken Sie einmal folgende Behauptung: Ihr Unternehmen betreibt immer Öffentlichkeitsarbeit! Und zwar allein dadurch, daß Sie existieren, daß Sie Mitarbeiter beschäftigen, daß Sie Kunden und Lieferanten haben, daß Sie mit Banken und Behörden zu tun haben. Sie haben also viele Kontakte zur Umwelt, man spricht über Sie. Die Öffentlichkeit macht sich ein Bild über Sie, auch wenn Sie daran überhaupt nicht durch gezielte Öffentlichkeitsarbeit mitgewirkt haben.

Häufig werden die ebenfalls für den Unternehmenserfolg wichtigen Kontakte zur Presse vernachlässigt.

Wenn das schon so ist, dann sollten wir doch aktiv daran arbeiten und mit den Pressevertretern einen engen Kontakt pflegen, genauso wie zu Kunden, Lieferanten oder Banken und Behörden.

Gibt es in einer Firma eine Besonderheit, die berichtenswert ist, so beschafft sich der Journalist die Informationen – ob Sie wollen oder nicht. Ist es dann nicht besser, wenn der Journalist von Ihnen direkt informiert wird und Sie vorher zu diesem Journalisten ein gutes Verhältnis aufgebaut haben?

Wieviel Zeit verwende ich für Kontaktpflege (Mitarbeiter, Kunden, Lieferanten, Banken, Behörden, Presse ...)?

8. Kontaktpflege

9. Unternehmer-Hauptaufgaben

Welche unternehmerischen Hauptaufgaben nehme ich heute noch nicht so wahr, wie es sein sollte?

Hat der autoritäre Unternehmer noch Chancen?

In den dargestellten Hauptaufgaben habe ich gezeigt, wie die moderne Führungskraft agieren sollte. Heißt das, daß ein Unternehmer mit dem Führungsstil vergangener Jahre in Zukunft keine Chance mehr hat?

Bestimmt wird es auch nach dem Jahr 2000 noch viele Betriebe geben, in denen autoritär geführt wird: Das gesamte Unternehmen ist auf die Unternehmer-Persönlichkeit zugeschnitten, der Erfolg steht und fällt mit der Leistungsfähigkeit dieser Person.

Welcher verantwortungsbereite und verantwortungsbewußte Mitarbeiter möchte schon gern in einem autoritär geführten Unternehmen arbeiten?

Jene autoritären Unternehmer werden es jedoch immer schwerer haben, verantwortungsbereite und -bewußte Mitarbeiter zu gewinnen. Bereits in der Schule wird die Kritikfähigkeit junger Menschen geschult. Wir verstehen heute unter einem mündigen Bürger jenen, der sich selbst seine Gedanken über den Wert verschiedener Lebensinhalte macht. Ein junger Mensch, der so geprägt ist, wird sich in einem autoritär geführten Unternehmen nicht wohlfühlen und, wenn er vorankommen möchte, einen anderen Arbeitsplatz suchen.

Wer alles selbst machen will, muß sich nicht wundern, daß ihm die Arbeit über den Kopf wächst.

Der Teufelskreis einer arbeitsmäßigen Überlastung eines Unternehmers mit autoritärem Führungsstil beginnt damit. Es geschieht dann tatsächlich, daß er bald über jedes Detail selbst entscheiden muß, weil er um sich »Ja-Sager« versammelt hat. Denn diese Mitarbeiter gehen kein Risiko ein, eine eigene Entscheidung zu treffen, die dem autoritär führenden Unternehmenschef eventuell nicht gefallen könnte.

So bleibt nur das zeitliche Engagement bis nahezu zur Selbstaufgabe. Es fehlt nicht viel Phantasie, um sich auszumalen, was aus einem so geführten Unternehmen wird, wenn die Führungskraft nicht mehr aktiv ist oder sein kann und das Unternehmen dann in andere Hände übergehen soll.

Weiterbildung wird immer wichtiger

Externe Weiterbildungsmaßnahmen

Unser heutiges Wissen kann schon in wenigen Jahren wieder überholt sein.

Die Zeiten, in denen das während einer einzigen gründlichen Ausbildung erworbene Wissen ausreichte, um erfolgreich im Berufsleben über Jahre oder sogar Jahrzehnte hinweg bestehen zu können, sind vorbei. Die Halbwertzeit des Wissens beträgt heute nur noch fünf Jahre mit fallender Tendenz. Das bedeutet: Alles, was noch vor fünf Jahren gültig war, ist nach dieser sehr kurzen Zeitspanne zu 50 Prozent überholt. Wie viele Firmen erzielen beispielsweise heute schon ihren überwiegenden Umsatzanteil mit Produkten oder Dienstleistungen, die es vor fünf Jahren überhaupt noch nicht gab?

Weiterbildungsmaßnahmen betreffen nicht nur den Chef – selbstverständlich ihn auch –, aber je mehr Führungsaufgaben an Mitarbeiter delegiert werden, desto wichtiger ist es, daß auch den Mitarbeitern die Chance gegeben wird, sich weiterzubilden und durch kompetente Erledigung der übernommenen Aufgaben ihren Teil zum Unternehmenserfolg beizutragen.

Das folgende Schaubild zeigt die Schwerpunktveränderung in der Weiterbildung. Heute besuchen rund 80 Prozent der Führungskräfte und nur 20 Prozent der Mitarbeiter Weiterbildungsmaßnahmen. Diese Weiterbildung konzentriert sich zudem schwerpunktmäßig auf den fachlichen Bereich. Laut dem Institut der deutschen Wirtschaft wird es für die Zukunft eine deutliche Schwerpunktverlagerung geben: In gleichem

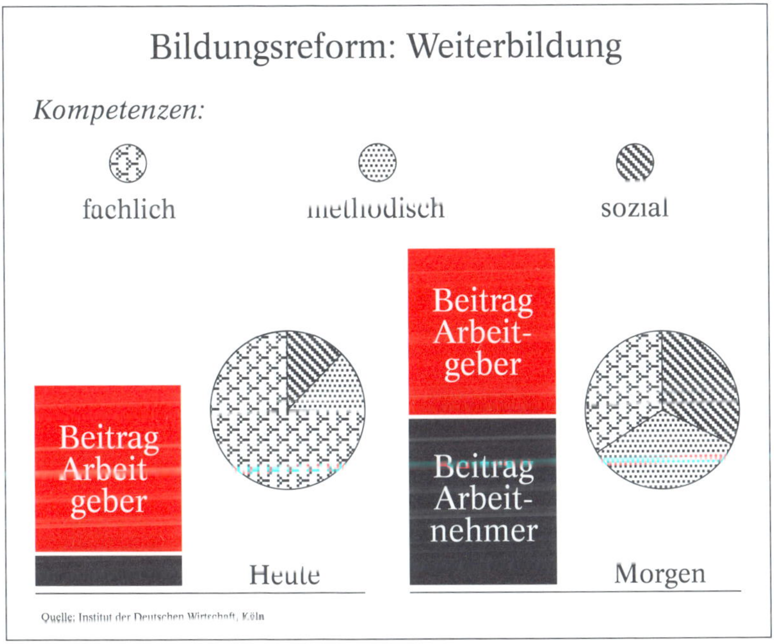

Abbildung 9: Das Institut der deutschen Wirtschaft sieht für die nächsten Jahre bei Teilnehmern und Inhalten von Weiterbildungsmaßnahmen gravierende Änderungen.

Maße wie die Führungskräfte werden in Zukunft auch die Mitarbeiter Weiterbildungsveranstaltungen besuchen, und diese Weiterbildung wird neue Schwerpunkte bekommen. In ausgewogenem Verhältnis wird die fachliche, die methodische und die soziale Kompetenz trainiert.

Wenn Sie Ihre Weiterbildungsaktivitäten planen, halten Sie sich immer dieses Schaubild vor Augen, da die ausgewogenen Maßnahmen sicherlich einen wesentlichen Teil zum Unternehmenserfolg beitragen.

Abbildung 10: Seminarbesuche sind effizienter als das Selbststudium.

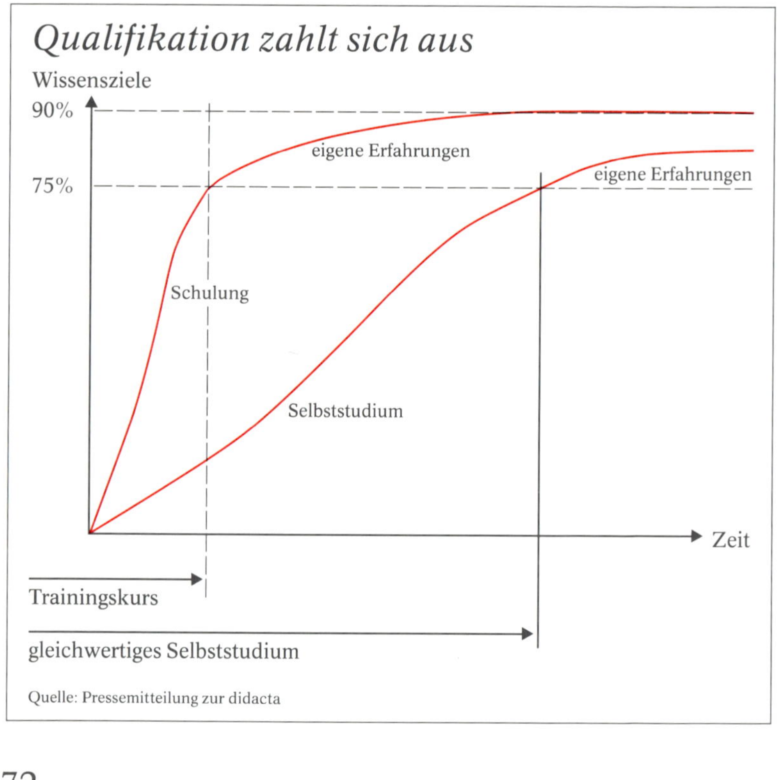

Eines sollte der Chef aber bei einer Entscheidungsfindung, welche Weiterbildungsmaßnahme er für sich oder seine Mitarbeiter wählt, beachten: Ein Selbststudium, das üblicherweise in der Freizeit geschieht, ist sehr mühsam – verglichen mit dem Besuch von Seminarveranstaltungen außer Haus. Sehr deutlich zeigt die vorhergehende *Abbildung*, wieviel effizienter ein Seminarbesuch ist als das mühsame Selbsterarbeiten.

Bei der Kurve für das Selbsterarbeitete geht man optimistisch davon aus, daß das Selbststudium nicht abgebrochen wird. Wie Statistiken beweisen, ist gerade dies aber recht häufig der Fall, weil es zu mühsam wurde, sich in der Freizeit über einen längeren Zeitraum ein neues Wissensgebiet anzueignen.

»Lernen ist wie Rudern gegen den Strom. Sobald man aufhört, treibt man zurück.« (Benjamin Britten)

Innerbetriebliche Weiterbildung

Eine ideale Ergänzung zu den Weiterbildungsangeboten des freien Marktes sind innerbetriebliche Erfahrungsaustauschrunden. Jede Führungskraft sollte sich permanent überlegen, ob es nicht mehrere ähnlich strukturierte Aufgabengebiete innerhalb eines Unternehmens gibt, bei denen sich laufend Erfahrungswerte ansammeln. Diese Erfahrungsschätze können dann in Erfahrungsaustauschrunden auf all jene Mitarbeiter übertragen werden, die ähnliche Aufgaben erfüllen. Hierbei ist es zusätzlich sinnvoll, zu überlegen, welche audiovisuellen Hilfsmittel eingesetzt werden können, um den vermittelten Stoff

Zu häufig wird heute immer noch gegen die Lerngesetze verstoßen.

noch besser im Gedächtnis behalten zu können. Denken Sie an die Lerngesetze, die besagen:

- ❐ 20 Prozent des Gehörten wird behalten.
- ❐ 30 Prozent des Gesehenen wird behalten.
- ❐ 50 Prozent des Gesehenen und Gehörten wird behalten.
- ❐ 90 Prozent des selbst Ausgeführten wird behalten.

Wie schaffe ich mir guten Führungsnachwuchs?

10. Führungsnachwuchs

Wollen Sie Ihren Führungsstil ändern?

Wenn Sie diese Ausführungen überzeugt haben, ihren Führungsstil zu verändern und Ihren Mitarbeitern mehr Entscheidungsbefugnisse einzuräumen, so ist dies nicht damit geschehen, daß Sie von heute auf morgen andere Führungsgrundsätze aufstellen.

Eingeschliffene und eingefahrene Arbeitsabläufe können nicht von heute auf morgen umgestellt werden. Geduld ist hier die erste Tugend.

Über Jahre hinweg haben sich Gewohnheiten und Handlungsabläufe eingeschliffen, die nicht in einem Handstreich verändert werden können. Hier ist Geduld auf beiden Seiten – sowohl beim Unternehmer als auch bei den Mitarbeitern – erforderlich, bis sich die neuen Führungsrichtlinien etabliert haben.

Was meine ich damit?

In einem Unternehmen, in dem der demokratische Führungsstil praktiziert wird, merkt man erst, wie selbstverständlich sich die einzelnen Rollen verteilt haben, wenn ein neuer Mitarbeiter aus einer Firma, die bisher einen anderen Führungsstil praktizierte, zu einem bestehenden Team hinzustößt.

Dazu ein Beispiel:

Mehr Kompetenz – verunsicherter Mitarbeiter?

Ich habe erlebt, daß die Leistungen eines neuen Mitarbeiters gering bewertet wurden, weil ein vorgegebener Kompetenzrahmen von ihm nicht ausgefüllt wurde. Als ich dieser Angelegenheit nachging, wurde mir bewußt, daß der neue Mitarbeiter in seiner früheren Tätigkeit nur einen sehr geringen Entscheidungsrahmen hatte und er nicht gewohnt war, selbständig zu entscheiden.

Der Mangel lag also nicht nur in der Person des Mitarbeiters, sondern war in einer nicht ausreichenden Einweisung zu suchen. Wir hatten etwas vorausgesetzt, was bei uns, nicht aber beim früheren Arbeitgeber des Mitarbeiters selbstverständlich war. Heute füllt jener Mitarbeiter seinen Kompetenzrahmen gut aus und ist ein wertvoller Partner.

Wichtig ist bei der Besetzung von neuen Stellen oder bei der Umverteilung von Aufgaben, die Persönlichkeitsstrukturen der betroffenen Mitarbeiter zu kennen.

Aber nicht immer muß eine Umstellung auf ein anderes Führungssystem problemlos verlaufen. Es kann durchaus auch geschehen, daß manche Mitarbeiter froh sind, wenn andere für sie Entscheidungen treffen. Dieses Wissen um die Persönlichkeitsstrukturen muß deshalb in die Besetzung der einzelnen Aufgabengebiete einfließen. Es kann also daher auch sein, daß Aufgaben im Unternehmen neu verteilt werden müssen.

Selbstverständlich müssen Sie auch bestimmte Voraussetzungen schaffen, wenn es nicht bei der Umstellung auf mehr Entscheidungsspielraum gefährliche Rückschläge geben soll. Voraussetzungen für das Praktizieren eines demokratischen Führungsstils sind deshalb:

- ❐ Die Mitarbeiter müssen die Unternehmensziele kennen, diese sind nämlich für sie der entscheidende Orientierungsrahmen.
- ❐ Die Mitarbeiter müssen erkannt haben und es innerlich bejahen, daß jeder Mangel eine Erfolgschance darstellt. Es geht also darum,

die Ursachen von Fehlern und Mängeln zu erkennen und sie in Erfolge zu verwandeln.

❐ Der Kompetenzrahmen für jede Chef- und Mitarbeiteraufgabe muß festgelegt sein.

Zusammenfassung

Der Unternehmer, der sich über das Jahr 2000 hinaus behaupten wird, ist kooperativer Kopf eines Teams. Er pflegt den demokratischen Führungsstil. Er konzentriert sich auf wenige Führungsaufgaben und gibt seinen Mitarbeitern einen großen Gestaltungs- und Entscheidungsspielraum. Über die Kontrollfunktionen überblickt er jederzeit die Situation und hat sie im Griff.

Nur in einem kooperativ geführten Betrieb werden in Zukunft Chef und Mitarbeiter gemeinsam am gleichen Strick ziehen und gemeinsam Erfolge erzielen.

Der erfolgreiche Unternehmer der Zukunft ist nicht mehr der Einzelkämpfer, von dessen Ideen, Intuition, Arbeitskraft oder Engagement das Gedeihen eines Betriebs abhängt. Vielmehr hat der erfolgreiche Unternehmer Mitarbeiter um sich geschart, die für »ihr« Unternehmen durchs Feuer gehen.

Dem Chef ist es gelungen, seine Begeisterung für den Nutzen, den er dem Markt mit seinen Produkten/Dienstleistungen bietet, auf seine Mitarbeiter zu übertragen. Die Mitarbeiter empfinden ihren Berufsalltag nicht als unangenehmeLast, sondern als eine großartige Chance zur Selbstverwirklichung. Wie in einem sportlichen Wettkampf nehmen sie die sich immer wieder neu stellenden Herausforderungen an.

Ein Traumbild? Nein – denn es gibt heute bereits viele solcher Unternehmer, die dann auch eine magische Anziehungskraft auf gute Mitarbeiter ausüben. Dr. Gustav Großmann gab einem seiner Bücher über Führungskunst den Titel »Der Chef, nach dem sich die besten Kräfte reißen«. Es sollte also das erklärte Ziel jeder Führungskraft sein: solche verlockenden Arbeitsbedingungen zu schaffen, daß es keine Schwierigkeit bereitet, die gewünschten, gut qualifizierten Mitarbeiter zu gewinnen.

Der Mangel als Chance

3

Mängel sind Erfolgschancen

Der Schlüssel für ein erfolgreiches Bewältigen der Herausforderungen des täglichen Lebens ist im richtigen Verständnis der Funktion eines Mangels zu sehen.

So wurden wir erzogen: Mängel sind negativ und müssen entweder versteckt oder verdrängt werden.

Durch Erziehung und Kindheit haben wir jedoch eine falsche Einstellung dazu. Wir sind darauf geprägt, daß der Mangel schlecht ist – also mit einem Makel behaftet. Mit Mängeln, Schwierigkeiten oder Problemen möchten wir überhaupt nichts zu tun haben. Tauchen Problemfelder auf, so wird üblicherweise nicht nach den verursachenden Faktoren gesucht, sondern nach dem Schuldigen: Wer hat was getan oder unterlassen?

Da sich niemand gern an den Pranger stellen lassen möchte, wird bestimmt nicht nach den Ursachen gesucht, die für den betreffenden Mangel verantwortlich waren, sondern nach Rechtfertigungen, weshalb man an der entstandenen Problemsituation keine Schuld trägt.

Wer nach den Schuldigen eines Mangels sucht, schafft ein emotional belastetes Betriebsklima.

Das Karussell der gegenseitigen Verdächtigungen dreht sich immer schneller, mehrere Personen werden in den Kreis der vermeintlich Beteiligten hineingezogen. Das Ergebnis? Frust, Enttäuschung, Verärgerung, ein belastetes Betriebsklima, aber keinerlei Ansatz für eine Problemlösung.

Welche Aufgabe, welche Funktion haben aber ein Mangel, eine Schwierigkeit, ein Problem? Sicher doch keine andere, als uns darauf hinzuweisen, daß im Moment irgendetwas nicht so läuft, wie es wünschenswert wäre.

Chancen

Wenn es uns gelingt, den Mangel als Indikator für Verbesserungsmöglichkeiten unseres eigenen Handelns der Mitarbeiter zu sehen, dann haben wir gewonnen. Wir haben die richtige Einstellung zu Mängeln gefunden.

Was ist ein Mangel? Nichts anderes als der Hinweis darauf, daß etwas besser gemacht werden kann.

Genauso, wie der Schmerz im körperlichen Bereich ein Alarmsignal für eine Gefahrensituation ist, die wir beheben sollen, ist das Empfinden eines Mangels ein seelisches Alarmsignal. Seine Aufgabe ist einzig und allein, uns zu zeigen: hier muß etwas verändert werden. – Und wenn es verändert worden ist, was haben wir dann erreicht? Da wir nur dort etwas verändern sollten, wo es Verbesserungsmöglichkeiten gibt, haben wir dann eine andere, günstigere Situation geschaffen.

Niemand schafft bewußt Probleme

Gibt es Mitarbeiter, die bewußt Probleme schaffen?

Überlegen Sie doch bitte einmal: Glauben Sie, daß ein Mitarbeiter Ihres Unternehmens für sich entschieden hat, eine Niete zu sein oder dort, wo es nur geht, die Firma zu schädigen? Sicherlich nicht! Aber warum geschehen dann Mängel und treten Probleme auf, daß man sich manchmal an den Kopf fassen muß, wie so etwas passieren konnte? Noch einmal die Frage: Glauben Sie, daß der Mitarbeiter bewußt falsch gehandelt hat?

Von krankhaften Saboteuren abgesehen, die wir in unseren Betrachtungen nicht zu berücksichtigen brauchen, wird es doch das Bestreben jedes Mitarbeiters sein, in »seinem« Unternehmen Gutes zu leisten. Jeder Mensch sucht nach Anerkennung – so auch der Mitarbeiter für seine Leistung. Wird er nicht stolz zu Hause berichten oder etwa seinen Sportkollegen vorschwärmen, wie er für gute Leistungen ausgezeichnet wurde, wenn er einen großartigen Verbesserungsvorschlag vorlegen konnte? Oder er erzählt voller Stolz davon, daß er seinen Chef während dessen Urlaub ausgezeichnet vertreten konnte und daß »seine« Firma auf dem Markt große Erfolge verzeichnen kann. Sind das nicht alles Indikatoren dafür, daß ein Mitarbeiter durchaus sehr großes Interesse am Gedeihen seiner Firma hat?

Jeder Mitarbeiter ist stolz auf die Leistungen »seines« Unternehmens – zumal dann, wenn er weiß, wieviel er selbst dazu beigetragen hat.

Ich bitte Sie deshalb, allen Ihren Mitarbeitern einen Vertrauensvorschuß zu geben, denn sie alle wollen bedeutend sein und ihren Fähigkeiten entsprechend ihren Anteil zum Erfolg »ihrer« Firma beitragen.

Mit dieser Einstellung, diesem richtigen, positiven Menschenbild, bitte ich in Zukunft auftretende Mängel und Probleme zu betrachten. Fragen Sie ab sofort nicht mehr nach dem Schuldigen, sondern nach den Ursachen eines Mangels.

Wie wichtig dies ist, zeigt folgendes Beispiel:

Nicht den Schuldigen, sondern die Ursache eines Mangels suchen.

Ich erlebte während meiner beruflichen Tätigkeit folgende Situation: Als verantwortlicher Verkaufsleiter erhielt ich eines Tages einen Reklamationsbrief eines Kunden. Dieser Kunde beschwerte sich über Mängel, die die Beziehung zwischen ihm und uns belasteten. Er schilderte diese Mängel recht drastisch; im Grunde hatte er recht.

Nun kennen wir alle das Sprichwort: »Wo gehobelt wird, fallen auch Späne« – und so auch in der damaligen Situation. Es war tatsächlich einiges schiefgelaufen.

Ich erinnere mich sehr gut, welcher Randvermerk auf dem Reklamationsschreiben des Kunden stand. Mit Hand schrieb der Seniorchef auf den Brief: »Wer war denn das Karnickel?«

Können Sie sich vorstellen, daß man das »Karnickel« jemals gefunden hat? Natürlich nicht! Der »Schwarze Peter« wanderte vielmehr von einer Abteilung des Betriebes zur anderen. Das Ergebnis: Das Betriebsklima war durch die gegenseitigen Verdächtigungen für einige Zeit gewaltig belastet.

Mängel weisen auf Verbesserungsmöglichkeiten hin

Ich möchte noch einmal wiederholen: Geben Sie Ihren Mitarbeitern einen Vertrauensvorschuß. Sehen Sie Mängel nicht als absichtliche Fehler, sondern als Verbesserungschancen in Ihrem Unternehmen.

Wenn wir in unsere Mitarbeiter kein Vertrauen setzen, werden sie auch nicht in der Lage sein, ihr Bestes für das Unternehmen zu geben.

Suchen Sie ab sofort keine »Karnickel« mehr, sondern gehen Sie davon aus, daß jeder Mitarbeiter sein Bestes geben möchte, daß es ihm aber aus mancherlei Gründen nicht möglich war.

Ganz nebenbei: Die Ursache für die zuvor geschilderte Reklamation war eine defekte Zählwaage! Sicher hat hier ein Mitarbeiter versäumt, die Waage immer wieder einmal zu überprüfen, so daß durch diesen Mangel eine Reklamation entstand, die nicht zu leugnen war.

Wenn nun ein Mitarbeiter für solch einen Mangel einen Verweis, vielleicht sogar einen Eintrag in seine Personalakte bekommt, wird für die Zukunft dennoch nichts verändert. Eine Veränderung gibt es doch erst dann, wenn dieser Mangel durch Kontrollaufgaben, die in ein regelmäßiges Arbeitsschema übernommen werden, konsequent für die Zukunft ausgeschlossen wird.

Viele Mängel – viele Erfolgschancen.

Weil es mir so wichtig ist, noch einmal: Jeder Mangel oder jedes Problem möchte Sie darauf hinweisen, wo Sie Verbesserungen in Ihrem Unternehmen erreichen können. Je mehr Mängel Sie in Ihrem eigenen Aufgabengebiet und bei

Ihren Mitarbeitern verspüren, desto mehr Erfolgschancen bieten sich Ihnen mit der Beseitigung dieser Probleme.

Chancen

Zugegeben, das ist eine ungewöhnliche Betrachtungsweise, aber: Überlegen Sie bitte, wann Sie in der Vergangenheit besondere Erfolge erzielten. Waren das nicht Probleme, Mängel oder nicht befriedigte Bedürfnisse Ihrer Mitmenschen, die Sie in den Griff bekamen und daraus Erfolge machten?

Trotz der Ihnen bekannten oder sogar der noch unbekannten Mängel hat Ihr Unternehmen eine gewisse Marktstellung. Es ist deshalb einleuchtend: Jede Mangelbeseitigung bringt Sie im Vergleich zu Ihrem Wettbewerb ein Stück voran.

Ihre Erfolgspotentiale sind also zum einen Ihre Stärken – die Besonderheiten, die Sie mit Ihren Produkten und Dienstleistungen anbieten – zum anderen sind es die vorhandenen und erkannten Schwächen und Mängel. Denn nur das, was Sie als Schwäche oder Mangel erkannt haben, kann bearbeitet und in einen Erfolgsfaktor verwandelt werden. Daher sollten Sie als Führungskraft permanent nach Mängeln suchen und auch Ihre Mitarbeiter ermuntern, Schwachstellen anzusprechen.

Führungskräfte und auch Mitarbeiter sollten permanent auf der Suche nach Mängeln und Schwachstellen sein. Erkannte Probleme müssen dann aber auch offen angesprochen werden.

Wenn Sie Ihre Mitarbeiter als »Detektive« für das Auffinden von Mängeln mit einbeziehen, so sollten Sie aber unbedingt eine Zeitlang vorgelebt haben, daß Sie selbst Mängel nicht mehr als Makel empfinden. Zeigen Sie, daß Sie das Erkennen jeder Schwachstelle begrüßen und ohne persönliche Angriffe den Ursachen dieses Mangels auf den Grund gehen. Ihre Mitarbeiter werden diesen Umdenkungsprozeß bestimmt bemerken – und dann sind auch sie bereit und in der Lage, in die Schatzsuche – ich bezeichne die Überkompensation von Mängeln bewußt mit diesem Wort – mit einbezogen zu werden.

Aber Vorsicht: Lassen Sie es nicht zu, daß Ihre Mitarbeiter Sie nur mit Mängeln in Ihrem Unternehmen konfrontieren! Jeder Mitarbeiter sollte vielmehr zu jedem von ihm festgestellten Mangel auch seine Lösungsideen formulieren; er muß also beschreiben, wie ein Idealbild anstelle des Mangels aussehen könnte.

Japanisches Erfolgsrezept

Das Bessere ist der Feind des Guten.

Haben Sie zusammen mit Ihren Mitarbeitern entsprechend der vorstehenden Ausführungen Zug um Zug Mängel abgestellt, so bleiben Sie nicht stehen mit Ihren Bemühungen, attraktivere Produkte/Dienstleistungen als Ihre Mitbewerber anzubieten! Die Ansprüche und Erwartungen Ihrer Kunden ändern sich permanent. Stellen Sie sich daher immer wieder die Frage, wo Verbesserungen Ihrer Angebote möglich sind, wo Sie für Ihre Kunden noch attraktiver sein könnten. Die Japaner geben sich mit dem Erreichen des Status quo nie zufrieden, sondern suchen nach einer permanenten Optimierung. Lassen Sie sich ebenfalls von diesem Gedanken leiten mit dem Ziel, die Wünsche Ihrer Kunden optimal zu befriedigen.

Wie gehe ich heute mit Mängeln um? Suche ich nach den Schuldigen oder nach den Ursachen? Wie werde ich in Zukunft vorgehen?

Was waren meine herausragenden unternehmerischen Erfolge der letzten fünf Jahre? Hatten sie ihren Ursprung nicht in Mängeln, Problemfeldern des Marktes oder des eigenen Unternehmens?

12. Mängel als Erfolgsgrundlagen

Gegen Betriebsblindheit: in Alternativen denken

Damit nicht nur das Naheliegendste als Verbesserungsmöglichkeit aufgezeigt wird, fordern Sie Ihre Mitarbeiter auf, eine oder noch besser zwei Alternativvorschläge zu der Verbesserung eines Mangels vorzulegen. Selbstverständlich gilt auch hier wieder das Vorleben durch Sie: Auch Sie sollten bei jedem auftretenden Mangel nach Lösungsalternativen suchen! Erst so schaffen Sie sich den entscheidenden Vorsprung vor dem Wettbewerb! Denn die Suche nach Alternativen verhindert, daß Sie sich zu stark in eine Idee verrennen die Ihnen möglicherweise nicht den Marktvorsprung bringt, den Sie sich wünschen.

Oft ist für einen Mangel sehr schnell eine naheliegende Verbesserungsmöglichkeit gefunden – die Suche von Alternativen schafft jedoch häufig einen verblüffenden Marktvorsprung nach dem Motto: anders als alle anderen!

Diese Suche nach Alternativen ist nicht leicht, aber nur, wenn Sie verschiedene Lösungsmöglichkeiten gefunden haben, können Sie diese Alternativen gegeneinander abwägen und die für Sie günstigste realisieren.

Mit der Einstellung, daß Mängel ausschließlich Chancen sind, wird es Ihnen auch leichtfallen,die drei folgenden Teile dieses Praxisbuches (Kapitel 4, 5 und 6) gut zu verwerten. Mir geht es nicht darum, Ihnen mit den beispielsweise in Kapitel 6 dargestellten Führungsfehlern ein schlechtes Gewissen einzureden. Sie sollten statt dessen jeden Mangel, den Sie möglicherweise heute noch an Ihrem Handeln verspüren, als Erfolgschance für die Zukunft sehen. Daher betone ich noch einmal: Sehen Sie dieses Buch als

Ihr ganz persönliches Exemplar, in dem Sie arbeiten und Angaben machen, die für keine andere Person bestimmt sind.

Mängel sind Erfolgschancen! Hier liste ich die mir bekannten Mängel auf und setze Prioritäten, in welcher Reihenfolge ich diese Mängel verwerten werde.

13. Liste der Mängel

Zusammenfassung

Mängelbeseitigung = Profilierung am Markt!

Freuen Sie sich, wenn Sie bei gründlichem Überdenken Ihres Berufsalltages viele Fehler, Probleme oder Mängel feststellen. Schreiben Sie diese Mängel auf, setzen Sie Prioritäten und denken Sie daran, daß jeder erkannte Mangel eine Erfolgschance ist. Mit dieser Chance profilieren Sie sich gegenüber Ihrem Wettbewerb am Markt. Scharen Sie Mitarbeiter um sich, die konstruktive Kritik üben, die ebenfalls mit Eifer den Chancen nachjagen, die sich ihnen durch die Beseitigung von Mängeln bieten. Die richtige Einstellung zur Funktion des Mangels macht Sie in Ihrem Marktsegment unschlagbar.

4

Muß der Chef alles selbst machen?

Immer weniger arbeiten immer mehr

In einer Zeit, in der die Gewerkschaften um eine kürzere Wochenarbeitszeit kämpfen und in einer Zeit großer Arbeitslosigkeit gibt es eine paradoxe Situation: Immer weniger Menschen haben immer mehr zu tun.

Engagierte Führungskräfte kennen keine tarifliche Arbeitszeit.

Diese Aussage trifft besonders auf die Führungskräfte zu. Untersuchungen zeigen nämlich, daß die Schere zwischen der tariflich vereinbarten Regelarbeitszeit und der wöchentlichen Arbeitszeit von Führungskräften immer weiter auseinanderklafft. Sechzig und mehr Arbeitsstunden in der Woche sind bei Führungskräften durchaus nicht die Ausnahme.

Diese große Arbeitsbelastung kann mehrere Gründe haben:

❒ Die Führungskraft arbeitet gern und aus eigenem Antrieb so lang.

Sie hat das Hobby zum Beruf gemacht. Eine ideale Situation! Die Arbeit, auch über 40 Stunden hinaus, empfindet sie nicht als Last, sondern als Lebenselixier. Sie schöpft ihre Lebenskraft und Lebensfreude aus einer beruflichen Tätigkeit, die den persönlichen Neigungen vollkommen entspricht. Sie genießt es, mit ihren Produkten und/oder Dienstleistungen genau »im Trend« zu liegen, also außergewöhnlichen Nutzen am Markt zu bieten.

Diese Person verlöre Lebensfreude, würde sie sich auf eine bestimmte Wochenarbeitszeit beschränken.

Allerdings ist eine solche Führungskraft bebesonders gefährdet, des Guten zuviel zu tun und die Bedürfnisse und das Wohlergehen der privaten und beruflichen Partner zu übersehen. Hier können bei Überziehen des beruflichen Engagements Probleme entstehen.

❐ Die Führungskraft flüchtet sich in Arbeit. Sie sieht sogar ein besonderes Prestige darin, unentbehrlich zu sein, alles selbst entscheiden und durchführen zu müssen. Der randvolle Terminkalender ist zu einem Statussymbol geworden. Selbst mit den ersten gesundheitlichen Problemen, die sich in der Regel zwangsläufig einstellen, wird kokettiert.

Manchmal scheint es schon ein Statussymbol zu sein, wenn jemand sagt: »Ich habe keine Zeit.«

Das Motto lautet: Ohne einen Kollaps oder sogar einen Infarkt gehabt zu haben, kann man nicht den Anspruch erheben, jemals eine wichtige Führungskraft gewesen zu sein. Ganz klar: Für solche Menschen ist dieses Buch nicht geschrieben. Sie werden es aller Wahrscheinlichkeit nach gar nicht in die Hand nehmen, weil sie sich in ihrer persönlichen Situation wohlfühlen und gar keine Änderung wünschen. Diesen Personen nähme man wahrscheinlich sogar Lebensglück und eine Traumwelt weg, wenn sie mit einem Mal mehr Freizeit hätten, die sie wahrscheinlich gar nicht füllen könnten.

Nicht jeder kann mit mehr Freizeit auch mehr Lebensqualität gewinnen.

Schlimm daran ist nur, daß solche Personen nur an sich denken, nicht aber an die privaten

Partner. Denn gerade sie leiden in der Regel sicher darunter, daß der Arbeitswütige zu wenig Zeit für gemeinsame private Interessen hat oder sich häufig nicht einmal Zeit nimmt, mit dem privaten Partner wichtige Angelegenheiten zu besprechen. Der private Partner fühlt sich dann nicht selten mit seinen Problemen und Fragen alleingelassen. Eine Entfremdung kann die Folge sein.

Hektische und gestreßte Führungskräfte vernachlässigen wichtige unternehmerische Hauptaufgaben.

Aber nicht nur die privaten Partner leiden unter einer solchen Führungskraft. Auch die beruflichen Partner empfinden es bestimmt nicht als angenehm, wenn der Chef wegen Überarbeitung nur Hektik und Streß verbreitet und sich wenig oder gar keine Zeit für Gespräche nimmt. Die Hauptaufgaben »Mitarbeiterführung« und »Kontaktpflege« werden dabei sträflich vernachlässigt.

Und eine zusätzliche Frage: Wie soll sich eine Nachwuchs-Führungskraft in neue Verantwortungsgebiete einarbeiten, wenn der bisherige Stelleninhaber alle wichtigen Aufgaben selbst wahrnimmt? Hat nicht so manches Problem im Generationenwechsel bei der Übertragung von Führungsaufgaben seine Ursachen in diesem Nicht-Loslassen-Können des bisherigen Stelleninhabers?

Der amerikanische Manager Lee Iacocca formulierte einmal: »Betriebsklima ist gleich Kommunikationsklima.« Wenn für Kommunikation keine Zeit vorhanden ist, verwundert es dann, wenn in einem Unternehmen mit einem überarbeiteten Chef in der Regel das Betriebsklima belastet ist?

- ❐ Die Führungskraft würde gern Arbeit abgeben, sieht aber hierzu keine Möglichkeit.

Bevor ich auf die Möglichkeiten der Entlastung des Chefs oder der Chefin eingehe, ein Beispiel, mit dem ich Sie nachdenklich machen möchte:

Muß der Chef eigentlich überarbeitet sein?

Die Planungstage des HelfRecht-Studienzentrums besuchte ein Unternehmer, der mir als Grund für seine Teilnahme an den Planungstagen angab, daß er seine Arbeitszeit von täglich vier (!) auf drei Stunden (!) verkürzen wolle. Liebe Leserin, lieber Leser das ist kein Witz, das ist eine Tatsache! Sie werden aber gleich verstehen, weshalb mir dieses Beispiel so wichtig ist. Dieser Unternehmer schwärmte mir nämlich von seinen ausgezeichneten Mitarbeitern vor. Sie seien bis in die Haarspitzen motiviert – es reiche für ihn aus, wenn er nur einen halben Tag im Unternehmen sei. Er könne sich darüber hinaus politisch betätigen, als Vorstand einen großen Verein leiten und verfüge noch über genügend Freiräume für Familie und Hobby.

Ein Unternehmer möchte nicht mehr vier, sondern nur noch drei Stunden täglich arbeiten.

Ein unrealistisches Traumbild? Gewiß nicht, aber ich glaube dennoch, daß es heute noch viel zuwenig dieser Unternehmer gibt.

Wie hat er es jedoch geschafft, seine Arbeitszeit so sehr zu reduzieren? Das Beispiel enthält bereits wesentliche Ansatzpunkte für die Antwort: Der Unternehmer schwärmte, wie Sie sich erinnern, von seinen ausgezeichneten Mitarbeitern. Hat er nur Glück gehabt, hat er mit seinen guten Mitarbeitern das große Los gezogen?

Ich möchte Sie an dieser Stelle bewußt provozieren und behaupten: *Jeder Unternehmer hat die Mitarbeiter, die er verdient!*

Unternehmer und Führungskräfte haben die Mitarbeiter, die sie verdienen: Ein guter Chef hat erstklassige Mitarbeiter, ein schwacher Chef dagegen drittklassige!

Der gerade zitierte Unternehmer, der von seinen Mitarbeitern so begeistert war, erzählte mir, daß er vor einigen Jahren das Unternehmen von seinen Eltern übernommen hatte. Zu dieser Zeit verfügte der Betrieb über Mitarbeiter, die nicht besser und auch nicht schlechter waren, als in der Branche üblich.

Die Mitarbeiter waren gewohnt, vom Chef klare Anweisungen für die Ausführung verschiedener Aufgaben zu erhalten. Sie hatten es sich abgewöhnt, selbst zu denken – denn ganz selten konnte man es dem Unternehmer recht machen.

Damit war selbstverständlich vorprogrammiert, daß der Chef mindestens so lange im Unternehmen anwesend sein mußte, wie der normale Geschäftsbetrieb lief – denn permanent kamen Fragen mit der Bitte um Entscheidungen auf ihn zu.

Nach Dienstschluß der Mitarbeiter konnte sich der Chef dann um die Erledigung all jener Arbeiten kümmern, die den Tag über liegen geblieben waren.

Ich frage Sie: Ist das nicht der übliche Arbeitsalltag eines Unternehmers? Muß das aber so sein und bleiben?

Selbstverständlich müssen Sie entscheiden, was Lebensfreude für Sie bedeutet. Ist es ein langer Arbeitstag, den Sie genießen, weil Sie im Bereich Ihrer Neigungen tätig sind, oder sind es zusätzliche Aktivitäten außerhalb Ihres beruflichen Tätigkeitsfeldes?

Wer sich entlasten will, kann es auch!

Mit dem erwähnten extremen Beispiel eines Unternehmers wollte ich Ihnen darstellen, welche Möglichkeit Sie als Führungskraft haben, sich auch von Aufgaben zu entlasten – vorausgesetzt, daß Sie es wünschen.

Nur Sie als Führungskraft können die Weichen für eine Änderung stellen.

Wenn Sie sich für einen kürzeren Arbeitstag entscheiden, dann lautet meine Empfehlung:

❐ Fördern Sie Ihre Mitarbeiter, indem Sie sie fordern.

Schon Goethe sagte sinngemäß: Wer die Menschen behandelt, wie sie sind, macht sie schlechter. Wer die Menschen aber behandelt, wie sie sein möchten, macht sie besser.

Trauen Sie Ihren Mitarbeitern also etwas zu!

Welche Aufgaben, die ich heute noch selbst erledige, zählen nicht zu den fünf unternehmerischen Hauptaufgaben und müßten nicht unbedingt von mir wahrgenommen werden?

Mitarbeiter in verantwortungsvolle Aufgaben hineinwachsen lassen

Wenn Sie als Führungskraft Aufgaben an Mitarbeiter delegieren, dann sollten Sie eine wichtige Regel beherzigen: Geben Sie nur das gewünschte Ergebnis – das Ziel – der Aufgabe vor, die der Mitarbeiter neu übernimmt. Schildern Sie eventuell noch den Nutzen, den andere an der guten Aufgabenerfüllung haben, aber hüten Sie sich davor, Lösungsvorschläge sofort mit in die Diskussion zu bringen, bevor Ihr Mitarbeiter sich über die Lösungswege Gedanken gemacht hat.

Es ist nicht Aufgabe des Chefs, Lösungsvorschläge zu machen. Der Mitarbeiter muß vielmehr selber Mittel und Wege finden, wie das angestrebte Ziel erreicht werden kann.

Warum?

1. Es soll Ihr Ziel sein, sich von Durchführungsaufgaben zu entlasten.
2. Sie sollen erkennen, welches Können in Ihren Mitarbeitern steckt.
3. Es gibt viele Wege zum Ziel. Je weiter Sie sich – hoffentlich – aus Detail-Durchführungsaufgaben zurückgezogen haben, desto wahrscheinlicher ist es, daß der mit allen Details vertraute Mitarbeiter den günstigeren Lösungsweg findet.

Gehen Sie mit den folgenden Gedanken einig? Jeder Mensch möchte bedeutend sein. Er möchte Anerkennung auch für seine beruflichen Leistungen erhalten. Glauben Sie, daß sich eine Hilfskraft, die für Sie irgendwelche einfachen Tätigkeiten verrichtet, zum Ziel gesetzt hat, beruflich eine Niete zu sein? Glauben Sie, daß dieser

Mensch morgens mit dem Vorsatz zur Arbeit geht, heute besonders schlecht zu sein, heute »seine« Firma zu schädigen?

Ein Beispiel dazu:

Auch »einfache« Arbeiter und Angestellte sind dankbar für Lob und Anerkennung.

An diesem Gedanken entzündete sich einmal während der fünf persönlichen und unternehmerischen Planungstage, die das HelfRecht-Studienzentrum für Führungskräfte der Wirtschaft anbietet, folgende Diskussion:

Ein Teilnehmer – und ich glaube, seine Meinung entspricht der vieler Führungskräfte – sagte, man müsse die Aussage, ein Mensch wolle bei der Erledigung seiner beruflichen Aufgabe Selbsterfüllung erreichen und eine gewisse Selbstbestätigung bekommen, sehr stark differenzieren. Bei »einfachen« Arbeitern und Angestellten treffe diese Aussage sicher nicht zu, hier gehe es doch nur um den Lohn oder das Gehalt.

Dieser Aussage widersprach ein Teilnehmer aus eigener Erfahrung sehr heftig. Er schilderte, welche ausgezeichnete Erfahrung er damit gemacht habe, auch Hilfskräfte für gute Arbeiten zu loben. Er verdeutlichte das an einem Beispiel: Einen ausländischen Arbeitnehmer mit dem er sich nur mühsam in Deutsch verständigen konnte, lobte er anerkennend, wie sauber er heute den Hof gekehrt habe. Können Sie sich vorstellen, daß ab diesem Tag der Hof immer gut aufgeräumt war?

Ich bin ganz eindeutig der Meinung dieses zweiten Teilnehmers, daß es keine Rolle spielt, in welcher Funktion jemand tätig ist – denn:

Jeder, und ich betone es ganz bewußt, *jeder* hat das Bedürfnis nach Anerkennung und Selbstbestätigung! Durchdenken Sie deshalb bitte auch einmal die Aussage von Charles Schwab, einer sehr erfolgreichen amerikanischen Führungskraft:

»Ich bin bis heute dem Mann noch nicht begegnet, wie berühmt er auch sein mochte, der nicht nach einer Anerkennung besser und einsatzfreudiger gearbeitet hätte als nach einem Tadel.«

Sind Sie davon überzeugt, daß Charles Schwab recht hatte? Wenn nein, weil Sie glauben, daß Ihre Mitarbeiter eben anders sind, dann machen Sie doch einfach einmal einen Versuch. Sprechen Sie ein Lob aus – aber nur dann, wenn es angebracht ist. Sie werden überrascht sein über die Wirkung der Anerkennung.

Viel zu wenig wird die motivierende Wirkung von Lob und Anerkennung genutzt. Und dabei ist es so einfach, gerade auch die gute Durchführung scheinbar selbstverständlicher Aufgaben mit lobenden Worten anzuerkennen.

In diesem Zusammenhang sollten Sie bitte nochmals auf die Liste der Wünsche von Mitarbeitern an ihre Tätigkeit (Seite 46) schauen. An erster Stelle (!) steht der Wunsch nach Anerkennung für gut geleistete Arbeit!

Wir alle können aus Fehlern lernen

Was geschieht, wenn die Mitarbeiter Fehler machen? Hand aufs Herz: Wie war Ihr Berufsweg? Gab es nicht, im Nachhinein betrachtet, eine Fülle von Situationen, in denen Sie eine falsche Entscheidung getroffen haben, Situationen, in denen Sie gar nicht mehr Herr der Lage waren? Aber gerade *weil* Sie diese Erlebnisse hatten und sie *richtig verwerteten*, stehen Sie heute in Ihrer Führungsverantwortung.

Jeder Mitarbeiter muß die Chance haben, seine eigenen Erfahrungen zu sammeln.

Überlegen Sie doch bitte, was wir als Erwachsene aus Liebe und Verantwortung heraus unseren Kindern an gut gemeinten Ratschlägen mit auf den Lebensweg geben. Halten sich die Kinder daran? Richtig! Sie lehnen diese Empfehlungen ab und möchten ihre eigenen Erfahrungen machen. Ein Kleinkind wird erst dann wissen, daß Hitze Schmerzen verursacht, wenn es einmal an einer Kerze oder an einer Herdplatte spürte, wie unangenehm zu große Hitze sein kann.

Ich erstelle eine Liste und ergänze sie laufend: Was haben Mitarbeiter gut gemacht; wofür kann ich einen Dank oder ein Lob aussprechen?

15. Lob und Dank für Mitarbeiter

Im Rahmen festgelegter Aufgaben mit klar abgegrenzten Kompetenzen kann sich der Mitarbeiter bewähren und engagieren.

Diese Gedanken fasse ich in einer »mutigen« Aussage zusammen: Geben Sie Ihren Mitarbeitern die *Chance*, auch Fehler zu machen. Aus diesen Fehlern werden die Mitarbeiter lernen. Damit solche Fehler aber keine großen Nachteile für Ihr Unternehmen haben, ist Voraussetzung, daß die Aufgabengebiete und Kompetenzen der Mitarbeiter klar und eindeutig bestimmt sind. Diese Festlegung von Aufgaben und Kompetenzen sollte selbstverständlich nicht »ewig« gelten, sondern muß aufgrund der Entwicklung und der Bewährung der Mitarbeiter den jeweiligen Fähigkeiten angepaßt werden.

Springen Sie über Ihren Schatten, wenn Sie sehen, daß ein Mitarbeiter eine Aufgabe anders erledigt als Sie! Lassen Sie ihn gewähren! Gibt es bei vielen Aufgaben nicht die sprichwörtlich vielen Wege zu einem Ziel? Wer sagt uns denn, daß der von der Führungskraft favorisierte Weg der sinnvollste ist? Lassen Sie Ihren Mitarbeitern einen Gestaltungs- und Entfaltungsspielraum, in dem sie ihre beruflichen Fähigkeiten ausleben, sich – in unserem heutigen Vokabular ausgedrückt – selbst verwirklichen können und so zu einer Stütze Ihres Unternehmens werden.

Jeder hat seinen eigenen Arbeitsstil.

Können wir überhaupt noch Nachwuchskräfte und Auszubildende einstellen, wenn wir unsere persönliche Arbeitsweise zum Maßstab aller Dinge machen?

Nochmals: Geben Sie Ihren Mitarbeitern die Chance, ihren beruflichen Erfahrungsschatz zu mehren – und das ist eben in erster Linie das Lernen aus Fehlern.

Der Lohn für Ihren Mut: Ihre Mitarbeiter wachsen in ihrem Können; damit wachsen ihr Selbstwertgefühl und ihre Ausstrahlungskraft. Die Mitarbeiter werden für Sie im wahrsten Sinne des Wortes Mit-Arbeiter, die zusammen mit Ihnen die unternehmerischen Ziele verwirklichen. Sie selbst gewinnen Zeit für die Wahrnehmung Ihrer unternehmerischen Hauptaufgaben – oder sogar für mehr Freizeit.

Auch Mitarbeiter müssen Verantwortung tragen

Delegieren Sie Verantwortung, nicht nur die Erledigung von Aufgaben.

Eine besonders hohe Hürde für einen erfolgreichen Unternehmer ist es, Aufgaben und Entscheidungen aus der Hand zu geben, die bisher ausschließlich von ihm allein erledigt wurden.

Manchen Unternehmer und auch manche Führungskraft kostet es viel Überwindung, bisher selbst erledigte Aufgaben zu delegieren.

Trifft die (Fehl-)Einschätzung auch für Sie zu, daß Sie der beste Verkäufer Ihrer Firma sind? Meinen Sie, die günstigsten Bezugsquellen all der Waren und Dienstleistungen, die Ihr Unternehmen benötigt, zu kennen? Oder haben nur Sie das größte Gespür für eine gute Werbung und das richtige Fingerspitzengefühl für einen aussagefähigen Prospekt? Glauben Sie, selbstverständlich auch die größte Fachkompetenz in bezug auf die Auswahl der richtigen EDV-Anlage zu besitzen …?

Dieses (un)realistische Bild einer Führungspersönlichkeit, die meint, auf sehr vielen und ganz unterschiedlichen Arbeitsgebieten die alleinkompetente Fachkraft zu sein, ist leider keinPhantasieprodukt, sondern in vielen Betrieben heute noch der Alltag!

Und was geschieht dort, wo solche Führungskräfte agieren?

Wer sich für unentbehrlich hält, disqualifiziert seine Mitarbeiter.

- Die Führungskraft überlastet sich zeitlich, weil es eben nur eine einzige Entscheidungsinstanz gibt. Sie ist damit auch nahezu unabkömmlich, kann ihren Urlaub nicht genießen, weil sie Bedenken haben muß, daß falsche Entscheidungen getroffen werden – und diese Bedenken sind nicht unberechtigt, weil die Mitarbeiter selbständiges Arbeiten nicht mehr kennen!

- Die Qualifikation der Mitarbeiter wird schlechter. Die weniger aktiven Mitarbeiter fügen sich in ihr Schicksal, daß der Chef die Entscheidungen selbst trifft – sie sind nur Erfüllungsgehilfen. Die Aktiven, die in »ihrer« Firma mitgestalten wollen, sehen keinen Entfaltungsspielraum und suchen sich eine neue Arbeitsstelle.

Wenn ich meine Mitarbeiter mit denen meiner Wettbewerber vergleiche, schneide ich dabei besser ab? Was kann ich gegebenenfalls unternehmen, damit die Mitarbeiter ihre Begabungsstärken besser entfalten können?

16. Förderung von Mitarbeitern

Welches Unternehmen hat gute, welches schlechte Mitarbeiter?

Wenn der Chef falsch führt, kommt es zur Handlungslähmung im Unternehmen.

Bei dem gerade beschriebenen Führungsstil beginnt sich eine Negativspirale zu drehen: Der Chef meint, alle Aufgaben seien nur dann gut erledigt, wenn sie so ausgeführt werden, wie er es sich vorstellt. Alle anderen Lösungsvorschläge werden als schlechter abqualifiziert. Das führt zur Verunsicherung der Mitarbeiter bis hin zur Handlungslähmung. Nun bleibt dem Chef tatsächlich keine andere Wahl mehr, als permanent einzugreifen und den Mitarbeitern immer mehr Entscheidungen abzunehmen. Er ist unabkömmlich; wenn er einmal nicht anwesend ist, werden keine Entscheidungen getroffen.

Schon der erste Eindruck vom Unternehmen bestätigt sich oftmals.

Interessant ist in diesem Zusammenhang die Beobachtung eines renommierten Unternehmensmaklers: Dr. Carl Zimmerer (Interfinanz, Düsseldorf) referierte anläßlich eines HelfRecht-Mittelstandsforums im HelfRecht-Zentrum zum Thema »Wie erkenne ich erfolgreiche Unternehmen?«. Seine Antwort: Bereits an der Pforte eines Unternehmens merke er an der Art des Empfangs, wie dieser Betrieb geführt werde. Der erste Eindruck – ob positiv oder negativ – bestätige sich dann im ganzen Unternehmen. Und so könne er auch sehr schnell sagen, ob das Unternehmen erfolgreich sei und Chancen habe, oder ob eher von Mißerfolg zu sprechen sei. Denn in einem gut geführten Unternehmen würden sich die Mitarbeiter im Sinne ihres Chefs für den Betrieb engagieren; der Chef sei frei für wichtige Entscheidungen. In einem schlecht geführten Unternehmen dagegen müsse der Chef alles selbst entscheiden, ersticke in Routinearbeiten und vernachlässige die Führungsaufgaben.

Da es aber keinen Menschen gibt, der nur Stärken hat, muß sich insbesondere die Führungskraft mit den eigenen Stärken und Schwächen auseinandersetzen. Besonders erfolgreich werden gewiß jene Führungskräfte sein, die auf dem Gebiet ihrer Stärken tätig sind und die vorhandenen Schwächen entweder durch eigene Leistungssteigerung oder noch besser durch die richtigen Partner abdecken. Während der HelfRecht-Planungstage stellen wir die Idealsituation so dar:

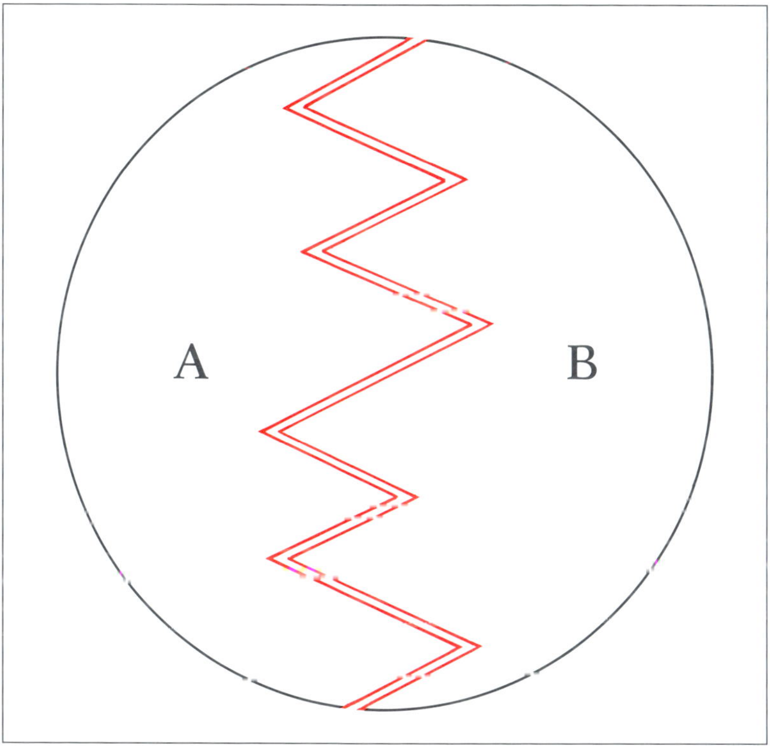

Abbildung 11: Die beiden Partner A und B ergänzen sich durch ihre Begabungen.

Hier haben sich zwei Partner gefunden, die sich in ihren Begabungen ideal ergänzen. Dort, wo der eine Stärken hat, kann er die in diesem Bereich vorhandenen Schwächen des Partners abdecken – und umgekehrt.

Diese Idealdarstellung, bei der es keine Lükken an Begabungen gibt, ist anzustreben; die Realität sieht aber eher so aus, daß trotz guter Ergänzungen Arbeitsfelder bleiben, für die keine spezifischen Begabungen vorhanden sind.

Abbildung 12: Begabungslücke, die weder vom Partner C, noch vom Partner D abgedeckt wird.

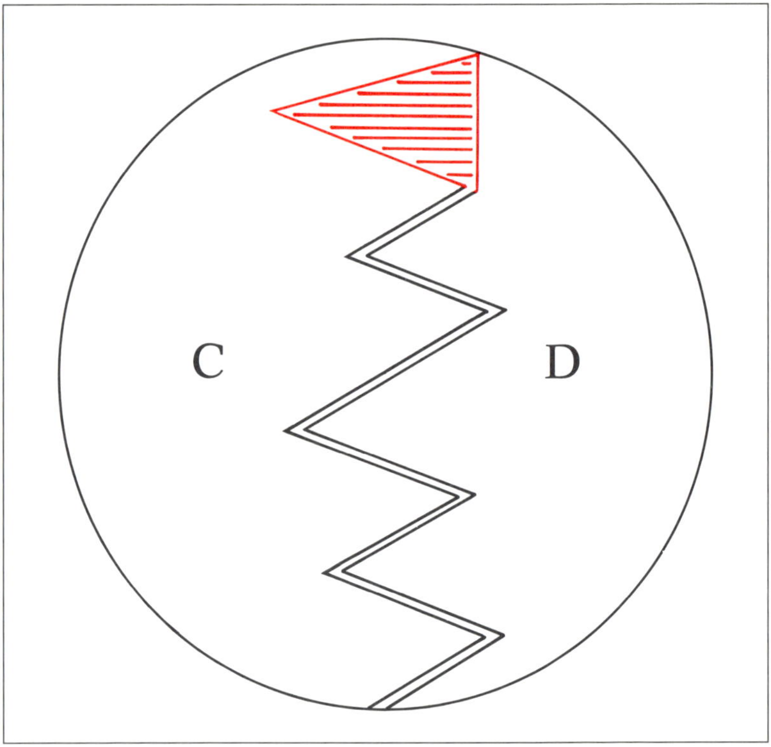

Wichtig ist: Sie müssen erkennen, für welche Aufgaben keine besonderen Stärken im Unternehmen vorhanden sind, um sich dann Leistungen von außen, etwa durch Dienstleistungsunternehmen, einkaufen zu können. Für viele klein- und mittelständische Unternehmen wird sich die Anstellung mancher Fachkräfte überhaupt nicht lohnen, weil für eine Vollzeitkraft auf diesem Gebiet nicht genügend Arbeiten vorhanden sind, etwa in der Werbung, im Steuerwesen, im Rechtswesen, in der EDV und dergleichen. Wichtig ist deshalb, daß die Führungskraft an der Spitze realistisch ihre Fähigkeiten einschätzt und dann die passenden Mitarbeiter zur Ergänzung aussucht.

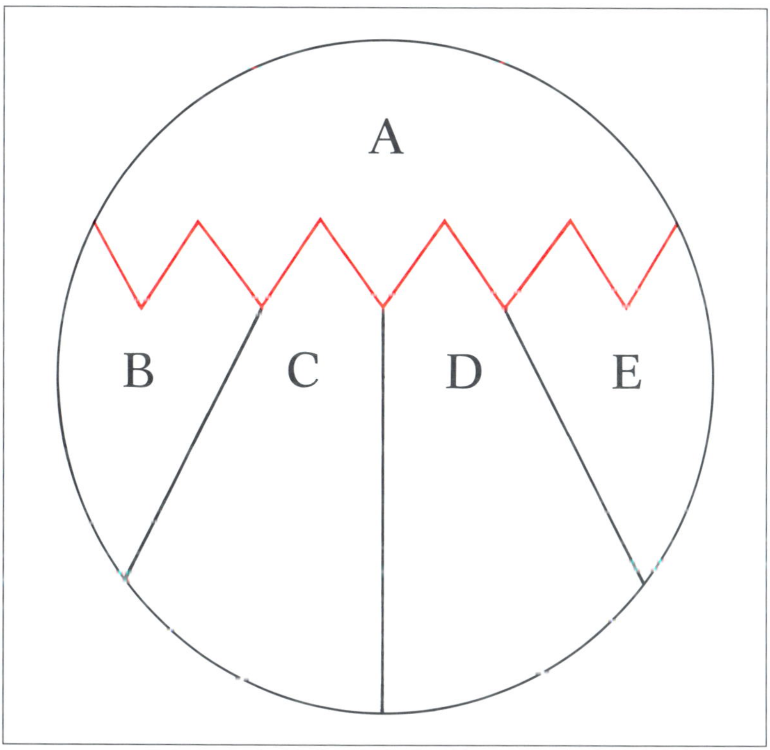

Abbildung 13: Das Begabungsprofil des Teamleiters A bestimmt die Anforderungen an die Begabungen der Mitarbeiter B bis E.

Es geht also nicht darum, »gute« Mitarbeiter zu finden, sondern die für das Unternehmen passenden.

Auch dazu ein Beispiel:

In einem Team müssen sich Begabungsstärken und -schwächen ausgleichen.

Wenn Ihre besonderen Neigungen und Begabungsstärken als Führungskraft darin bestehen, Mitarbeiter auszuwählen, zu führen und zu motivieren, wird sich bei Ihnen ein Personalleiter, der eine ausgezeichnete Fachkraft in seinem Beruf ist, nicht gut entfalten können.

Der selbe Personalleiter ist aber für ein Unternehmen, in dem die Führungskraft andere Begabungsstärken hat – sie ist etwa ein Entwicklungsgenie, das die Bedürfnisse des Marktes rechtzeitig erkennt und neue Produkte schafft, jedoch für die Personalführung keine glückliche Hand besitzt – mit Sicherheit ein großer Erfolgsbaustein.

Ein weiteres Beispiel, das Sie zum Nachdenken bringen soll:

Gibt es den »guten« Mitarbeiter?

Vom HelfRecht-Studienzentrum gibt es die Zeitschrift »methodik«, die Führungskräften Anregungen und Hilfestellung für die Bewältigung des Arbeitsalltages bietet und darüber hinaus Trainingsinstrument für die Besucher der HelfRecht-Planungstage ist. In dieser Zeitschrift konnten früher auch Stelleninserate aufgegeben werden.

Eines Tages rief mich ein Unternehmer an und fragte, bis wann er seine Unterlagen für die Schaltung einer Personalanzeige an uns geben müsse, um den nächsten Erscheinungstermin zu erreichen.

Ich fragte den Unternehmer wen er denn suche. Seine Antwort: er brauche einen »guten Mitarbeiter«. Als ich nachhakte, welche Kenntnisse und Fähigkeiten dieser Mitarbeiter denn aufweisen solle, merkte ich, daß diese Frage den Unternehmer relativ unvorbereitet traf. Er zählte mir dann eine Fülle von Kenntnissen und Fähigkeiten auf. Und ich bin überzeugt, daß es diese Fachkraft überhaupt nicht gibt und auch nicht geben kann.

Was möchte ich mit diesem krassen Beispiel sagen?

Gehen wir einerseits nicht bei Investitionsentscheidungen für Sachanlagen, für einen Pkw, für eine Maschine oder eine neue EDV-Anlage sehr sorgfältig vor und rechnen mit »spitzem Bleistift« durch, ob sich die Investition lohnt? Und wie »sorgfältig« gehen wir andererseits vor, wenn es sich um die Einstellung eines neuen Mitarbeiters handelt?

Ist das für uns aufgrund des Erfolgspotentials und auch der Kosten nicht eine viel wichtigere Investition als der Kauf einer Maschine?

Kümmern wir uns oftmals nicht intensiver um eine neu angeschaffte Maschine als um unsere Mitarbeiter? Aber was ist wichtiger?

Deshalb bedenken Sie: Erst wenn Sie wissen, welche Aufgaben der neue Mitarbeiter erledigen und welche Begabungsstärken er aufweisen soll – erst dann können Sie den auf dieses Anforderungsprofil passenden Mitarbeiter gezielt suchen und auch finden.

Wie Sie Ihre eigenen Begabungsstärken entdecken können

Damit Sie den passenden Mitarbeiter zu Ihrer Entlastung finden, müssen Sie zunächst Ihre eigenen Begabungsstärken kennen.

Unternehmer und Führungskräfte müssen sich ihrer eigenen Begabungsstärken bewußt sein, damit sie die richtige Frau/den richtigen Mann am richtigen Platz einsetzen können.

Wie erkennen Sie nun diese Schwerpunkte Ihrer Begabung? Die Beantwortung dieser Frage ist erfahrungsgemäß insbesondere für jene Führungskräfte sehr schwer, die außergewöhnlich erfolgreich sind. Warum? Sie erkennen an sich nichts Besonderes und keine speziell ausgeprägten Fähigkeiten, weil für sie alles selbstverständlich und normal ist.

Genauso schlecht wie eine Überschätzung der eigenen Person ist es jedoch, das eigene Licht unter den Scheffel zu stellen.

Deshalb sollten Sie für sich einmal folgende Fragen beantworten:

- ❐ Was mache ich gern?
- ❐ Was mache ich gut?
- ❐ Womit biete ich anderen (meinen Kunden, meinen Mitarbeitern, meinen privaten Partnern) Nutzen?

Die Beantwortung der beiden ersten Fragen wird Ihnen sicher leichtfallen, und Sie werden sehen, daß Ihre Antworten meistens übereinstimmen. Das heißt: Die Arbeiten, die Sie gern machen, machen Sie auch gut – und umgekehrt. Wer gern Ski fährt, wird in aller Regel auch gut Ski fahren. Wer nächtelang an seinem Computer spielt, wird sich hierbei eine große Geschicklichkeit angeeignet haben und bei manchem EDV-Spezialisten Bewunderung ernten über die selbst erarbeiteten Programme.

Delegation

Wenn Sie persönlich Schwierigkeiten haben, Ihre Begabungen zu erkennen und aufzuschreiben, so fragen Sie sich doch einmal: Für welche Leistungen werden Sie anerkannt; welche Erfolge erzielten Sie in der Vergangenheit; wann werden Sie als Gesprächspartner von wem gesucht – hier räumt man Ihnen doch offensichtlich eine besondere Kompetenz ein –; in welchen Situationen fühlen Sie sich besonders wohl?

Die eigenen Begabungsstärken zu kennen, ist notwendig für eine erfolgreiche Führungspersönlichkeit.

Für das persönliche Selbstwertgefühl ist es extrem wichtig, diese Frage nach den Begabungsstärken gründlich zu beantworten. Denn um im Berufsleben erfolgreich zu sein, müssen wir unsere Begabungsstärken kennen. Und ein weiteres: Unsere Begabungs-Schwerpunkte (auch die unserer Mitarbeiter) sollten dann auch einfließen in die Selbstdarstellung unseres Unternehmens – so weiß der Markt, auf welchen Gebieten wir eine besondere Kompetenz haben.

Ich lege eine Liste meiner besonderen Stärken an und vervollständige sie laufend. (Was mache ich gern? Was mache ich gut? Womit biete ich anderen besonderen Nutzen? Welche Erfolge konnte ich erreichen? Wer sprach mir Anerkennung wofür aus?)

17. Liste der Stärken

Was belastet die Schaffensfreude?

Amerikanische Wissenschaftler haben in einer Untersuchung über berufliche Tätigkeiten herausgefunden, daß nicht die Fülle der erledigten Arbeiten belastend und erschöpfend wirkt, sondern, daß solche Aufgaben uns ermüden, deren Erledigung wir vor uns herschieben.

Überlegen Sie doch einmal: Wie fühlen Sie sich nach einem Arbeitstag, wenn Sie eine sehr schwierige Verhandlung mit einem Ihrer bedeutendsten Kunden erfolgreich abgeschlossen haben? Was empfinden Sie, wenn Sie ein seit Monaten schwelendes Mitarbeiter-Problem in Ihrem Sinne gelöst und vielleicht noch eine heikle Reklamation aus der Welt geschafft haben? Fühlen Sie sich besonders abgespannt? Gewiß nicht – vielmehr verspüren Sie nach einem solch erfolgreichen Arbeitstag abends Unternehmungslust und haben die sprichwörtliche Kraft, noch »Bäume ausreißen« zu können.

Selbst nach einem langen Arbeitstag fühlen wir uns nicht abgespannt und erschöpft, wenn wir an diesem Tag Wichtiges erreicht haben und vielleicht sogar lange schwelende Probleme beseitigen konnten.

Ganz anders ist es aber nach einem Arbeitstag, der in Routineaufgaben zerrann. Sie stellen abends entmutigt fest, daß Sie dies und jenes, was Sie sich für den betreffenden Tag an wichtigen Dingen vorgenommen hatten, nicht erledigen konnten. Was empfinden Sie nach solch einem Tag? Leere, Erschöpfung, Müdigkeit!

Uns belasten also insbesondere die nicht erledigten Aufgaben. Sie rauben uns nicht nur den

Nicht das, was wir erledigt haben, erschöpft uns, sondern die nicht erledigten Aufgaben.

Schlaf, sondern auch die innere Ruhe, unsere Freizeit genießen zu können. Die Gedanken kreisen nur um die nicht erledigten Aufgaben: Von der Umwelt – und leider auch von der privaten Umwelt – nehmen wir wenig oder kaum Notiz.

Analysieren Sie doch einmal das, was Sie derzeit an unerledigten Dingen vor sich herschieben. Sind das nicht gerade die Aufgaben, die Ihnen wenig oder gar nicht liegen? Können Sie diese Tätigkeiten nicht eventuell an einen Mitarbeiter delegieren? Zählen die Aufgaben, die Sie vor sich herschieben, tatsächlich zu Ihren Chefaufgaben?

Welche Aufgaben liegen mir gar nicht? Welche schiebe ich gern vor mir her? Wer kann mir diese Aufgaben eventuell abnehmen?

18. Unerledigte Aufgaben

Grundsätzlich gilt: Wichtig ist, was für Ihren Erfolg Bedeutung hat. Dringendes ergibt sich dagegen oftmals, wenn Sie sich selbst unter zeitlichen Druck setzen oder den von Ihrer Umwelt verursachten Druck akzeptieren.

Was ist für Sie persönlich wichtig? Wissen Sie das? Sehen Sie sich dazu noch einmal die unternehmerischen Hauptaufgaben (Kapitel 2) an. Die Erledigung dieser Aufgaben hat für Sie oberste Priorität, wobei die erste der fünf Hauptaufgaben eine Schlüsselrolle besitzt. Denn erst nachdem Sie die Ausgangssituation Ihres Unternehmens mit den vorhandenen Stärken und Schwächen sowie den drohenden Gefahren genau analysiert haben, sind Sie in der Lage, klare Ziele zu entwickeln!

Grundlage für die Planung klarer Ziele ist eine gründliche Analyse der derzeitigen Ist-Situation.

Können Sie sich vorstellen, erfolgreich zu sein, ohne vorher genaue Ziele erarbeitet zu haben? Gewiß – es mag große Ausnahmen geben, daß sich Erfolge zufällig einstellen. Auf diesen unzuverlässigen Bundesgenossen »Zufall« sollten Sie sich aber nicht verlassen.

So bedeutend es also ist, daß es Ziele gibt, nach denen sich alle im Unternehmen richten können – die betriebliche Praxis zeigt ein anderes Bild: Statistische Erhebungen belegen, daß die überwiegende Zahl mittelständischer Unternehmer keine schriftlich fixierten Unternehmensziele hat!

Ziele sind aber die wichtigsten Orientierungshilfen im Arbeitsalltag – für Sie und für Ihre Mitarbeiter!

Die Bedeutung der Ziele

Christian Morgenstern: »Wer das Ziel nicht kennt, wird den Weg nicht finden.«

Seneca: »Wer den Hafen nicht kennt, für den ist kein Wind der richtige.«

Wie bezeichnet der Volksmund einen erfolgreichen Menschen? Er sagt: »Der wußte schon immer, was er wollte.« Sein in der Lebensbahn hin und her geworfenes Pendant bezeichnet man dementsprechend als jemanden, der noch nie wußte, was er wollte. Er hat tausend Dinge angefangen und nichts richtig zu Ende geführt.

Klare Ziele sind Grundlage des Erfolgs. Wer dagegen nicht weiß, was er will, kann sich nicht selbst verwirklichen und wird von anderen fremdbestimmt.

Überdenken Sie einmal den Lebenslauf von sehr erfolgreichen Persönlichkeiten. Sie werden immer drei wesentliche Merkmale feststellen können:

- ❐ Erfolgreiche Unternehmer hatten immer klare Ziele.
- ❐ Sie waren auf dem Gebiet ihrer Begabungsstärken tätig.
- ❐ Sie haben beharrlich mit Disziplin und Konsequenz ihre Ziele verfolgt.

Was können wir daraus lernen? Das Wichtigste ist: Finden Sie Ziele, die Ihrer Persönlichkeit und Ihren Begabungen entsprechen und verfolgen Sie diese Ziele dann auch konsequent!

Wo sind die Stärken, wo die Schwächen meines Unternehmens (meines Bereiches)? Wo möchte ich langfristig, mittelfristig (in etwa sieben Jahren), kurzfristig (in rund einem Jahr) stehen?

19. Lang-, mittel- und kurzfristige Ziele

Ein Beispiel, wie Sie es nicht machen sollten:

Ich kenne einen Unternehmer der unter einer extremen Arbeitsbelastung leidet. Er hat nicht eine Fünf-, sondern eine Sechs-Tage-Woche und arbeitet 10 bis 14 Stunden täglich.

Er sagte einmal zu mir: »Wissen Sie, ich mache es genauso, wie Sie es empfehlen. Ich unterscheide zwischen Wichtigem und Dringendem. Bevor ich einen Arbeitstag beginne, habe ich die Prioritätsreihenfolge meiner Aufgaben festgelegt. Alles also so, wie Sie es empfehlen. Trotzdem komme ich nicht voran.

Auf meine verwunderte Frage, warum er nicht vorankomme, antwortete er zu meiner Verblüffung: »Wissen Sie, ich halte mich nicht an die festgelegte Prioritätsreihenfolge.«

Ist dieses extreme Beispiel eine Ausnahme? Offensichtlich sind hier – wie auch bei vielen anderen Unternehmern – noch andere, verlockendere Dinge zu tun, schnell hat man die guten Vorsätze beiseite geschoben und läßt sich von den Ereignissen des Tages treiben. So kommen wir aber aus dem permanenten Streß nicht heraus.

An die Reihenfolge der Prioritäten sollte man sich auch halten.

Wenn dauernde Störungen zum Ärgernis werden

Sie werden vielleicht denken, daß ich es mir mit meinen Empfehlungen leicht mache, daß diese Anregungen sich aber im Arbeitsalltag nicht umsetzen lassen, weil Sie als Führungskraft tätig sind und deswegen zu häufig gestört werden.

Leider ist es Tatsache: Der Arbeitstag einer Führungskraft wird durch Unterbrechungen, durch geplante und ungeplante Besprechungen, durch Telefonate oder Besucher regelrecht in viele kleine Zeitabschnitte zerhackt. Das Hauptproblem ist dabei, daß Sie nach einer Unterbrechung gar nicht wissen, wie lange Sie nun ungestört an einem Vorgang arbeiten können, bis Sie wieder gestört werden.

Häufige Störungen machen es unmöglich, konzentriert an einem Vorgang zu arbeiten und ihn auch in relativ kurzer Zeit abzuschließen.

Wiederholen sich diese Störungen mehrfach, wenn Sie gerade bei der Lösung einer schwierigen Aufgabe sind, legen Sie doch üblicherweise den kompletten Vorgang zur Seite und warten ab, bis der letzte Mitarbeiter abends das Haus verlassen hat. Erst dann beginnen Sie von neuem mit den abgebrochenen Arbeiten oder Sie nehmen die unerledigten Dinge mit nach Hause.

Im Buch »Zeitstreß – ade!« (HelfRecht-Verlag) gebe ich eine Reihe von Empfehlungen, wie Sie die Quellen solcher Störungen genau analysieren und zumindest einen Großteil davon ausschalten können. Viele Störquellen sind nämlich »hausgemacht«: interne Störungen, die wir relativ leicht in den Griff bekommen können. Störungen, die von außen auf uns zukommen, sind wesentlich schwieriger, in einigen Fällen sogar überhaupt nicht auszuschalten.

Delegation

Für mich ist es keine Frage, daß Sie sich als Führungskraft einen Minimalrahmen störungsfreier Zeit schaffen müssen, in der Sie an wichtigen Aufgaben konzentriert und ohne Unterbrechung arbeiten können.

Ich empfehle Ihnen deshalb, einen Zeitraum festzulegen, in dem Sie nur in absoluten Notfällen gestört werden dürfen. Ideal ist es, wenn Sie diese störungsfreie Zeit nicht nur für sich selbst, sondern auch für den gesamten Betrieb einführen. Innerhalb dieses Zeitraumes dürfen sich die Mitarbeiter dann gegenseitig nicht stören.

Am besten ist es, für den gesamten Betrieb störungsfreie Zeiten festzulegen.

Von außen kommende Störungen muß man genau untersuchen; sie kann und sollte man in aller Regel nicht unterbinden. Schließlich leben wir ja von unseren Kunden.

Führen Sie eine störungsfreie Zeit ein

Ganz wichtig ist bei der Einführung eines störungsfreien Zeitraumes, daß Sie sich als Chef ebenfalls an diese neu festgelegte Spielregel halten. Denn auch hier gilt wieder das sehr wichtige Vormacherprinzip. Wenn Sie für irgendeine Besprechung eine ganz wichtige Unterlage benötigen und dann gerade während der störungsfreien Zeit Mitarbeiter anrufen oder in deren Büros gehen – dann dürfen Sie sich nicht wundern, wenn sich auch die Mitarbeiter nicht konsequent an die störungsfreie Zeit halten.

Auf keinen Fall dürfen Kunden durch die Einführung von störungsfreien Zeiten verprellt werden. Die meisten Kunden haben jedoch Verständnis dafür, warum Sie zu dieser Maßnahme gegriffen haben, wenn Sie offen darüber sprechen.

Die Einführung eines störungsfreien Zeitraumes, gerade Ihren Kunden gegenüber, muß mit viel Fingerspitzengefühl gehandhabt werden. Auf keinen Fall sollten Sie sich von Ihrer Sekretärin verleugnen lassen, wenn ein Anruf von außen kommt. Aber meiner Erfahrung nach können Sie als Chef auch hierfür eine störungsfreie Zeit festlegen, wobei Sie in aller Regel bei Ihren Geschäftspartnern auf Verständnis stoßen werden. Überlegen Sie doch: Ihre Gesprächspartner – und das sind doch außerhalb Ihres Unternehmens überwiegend Führungskräfte – befinden sich in einer ähnlichen zeitlichen Anspannung wie Sie. Diese Führungskräfte akzeptieren es deshalb in aller Regel, daß Sie im Moment nicht gestört werden können, daß Sie aber zuverlässig zu einer Zeit zurückrufen, zu der es dem Gesprächspartner angenehm ist.

Die täglichen Störungen, die meinen Arbeitsalltag in viele kleine Zeitabschnitte zerteilen, werde ich eingrenzen. Als erstes erfasse ich dazu die Störquellen. Wodurch werde ich gestört? Wie kann ich das in Zukunft vermeiden?

20. Analyse von Störquellen

Wie kann ich eine störungsfreie Zeit einführen?

21. Störungsfreie Zeit

Hat ein Partner für Ihren Wunsch, einmal ungestört arbeiten zu können, kein Verständnis, dann ist es bestimmt kaum jemand, auf den Sie langfristig bauen können. Bei dem geringsten Vorteil, und sei es nur ein minimaler Preisvorteil eines Wettbewerbers, wird Ihnen der betreffende Kunde wahrscheinlich verlorengehen.

Noch einmal: Diese Empfehlung müssen Sie durchdenken und auf Ihre eigene Situation übertragen. Wenn Sie zumindest für sich – und noch besser auch für Ihre Mitarbeiter – die für Unternehmer-, Kunden- und Lieferantenverbindungen günstigste störungsfreie Zeit festgelegt haben, werden Sie nicht mehr darauf verzichten wollen, weil Sie bald die große Effizienzsteigerung in dieser ruhigen Zeit schätzen gelernt haben.

Dazu ein Beispiel als Anregung:

Ein Unternehmer mit nur noch vier Büro-Tagen pro Woche.

Ein Unternehmer hat diese Empfehlung nach dem Besuch der HelfRecht-Planungstage wie folgt umgesetzt: mittwochs geht er nicht mehr ins Büro. An diesem Tag ist er telefonisch nicht erreichbar, bearbeitet die für ihn wichtigen Chefaufgaben und denkt über strategische Ziele nach. Dies praktiziert er bereits seit Jahren. Wenn ich ihn frage, welchen Wert er in der Zwischenzeit diesem störungsfreien Arbeitstag beimißt, sagt er mir, daß an diesem Tag mehr geschehe als an den restlichen vier Tagen der Arbeitswoche. Können Sie das nachempfinden?

Ein Geschäftsleitungs-Mitglied arbeitet an zwei bis drei Nachmittagen zu Hause.

Ein Beispiel aus der Firmengruppe HelfRecht:

Ein Mitglied der Geschäftsleitung der Firmengruppe arbeitet regelmäßig an zwei bis drei

Nachmittagen zu Hause in der ruhigen Atmosphäre seines privaten Büros und läßt Störungen nur in den dringendsten Fällen zu. Der Effekt ist der gleiche wie beim bereits erwähnten Unternehmer. Zusätzlich dazu gibt es in unserer Firmengruppe bereits seit Jahren die störungsfreie Zeit am Morgen.

An einem weiteren Beispiel sehen Sie, welche Bedeutung ich diesem Thema beimesse:

Auch die Sekretärin profitiert von der störungsfreien Zeit.

Eine Chefsekretärin berichtete mir bei einer Veranstaltung der HelfRecht-Praktikerrunde – das HelfRecht-Studienzentrum bietet früheren Besuchern der Management-Planungstage regelmäßig diese Praktikertage zum Auffrischen und zum Vertiefen des erworbenen Wissens sowie zum Erfahrungsaustausch an –, wie sie ihren Vorgesetzten recht amüsiert dabei beobachtete, unsere Empfehlung umzusetzen, eine störungsfreie Zeit einzuführen.

Wie lang dieser Vorsatz denn Bestand haben würde, fragte sich diese Dame, denn sie hatte schon sehr häufig erlebt, wie euphorisch ihr Chef von Seminarveranstaltungen zurückkam, Neues einführte, was aber nach relativ kurzer Zeit wieder einschlief.

Sie sagte zu mir, daß sie sich diesmal aber getäuscht habe: Ihr Chef hält sich nach wie vor seit vielen Monaten noch streng an die störungsfreie Zeit. Sie selbst empfindet das für ihr eigenes Aufgabengebiet als besonders entlastend, denn sehr häufig wurde sie früher gerade vom Chef gestört und mußte angefangene Arbeiten immer wieder unterbrechen.

Die störungsfreie Zeit steigert also in diesem Fall nicht nur beim Chef, sondern auch bei der Sekretärin die Arbeitseffizienz ganz erheblich.

Schließlich noch ein selbst erlebtes Beispiel für die Bedeutung der störungsfreien Zeit:

In meiner früheren Funktion als kaufmännischer Leiter eines mittelständischen Unternehmens erlebte ich, was die meisten Führungskräfte immer wieder erfahren: Kurz nach Dienstbeginn war der erste Mitarbeiter bereits in meinem Büro, um mir irgendeine Frage zu stellen oder eine wichtige Information weiterzugeben. Unangemeldete Besucher, Telefonate, alle möglichen Unterbrechungen zerstückelten meinen Arbeitstag in kleine Zeitabschnitte. Besonders schlimm daran aber war, daß ich nach einer Störung eben nicht wußte, ob ich nun fünf Minuten oder vielleicht sogar eine halbe Stunde ungestört an einer Aufgabe arbeiten könnte – bis zur nächsten Unterbrechung.

Ohne störungsfreie Zeit werden wichtige Aufgaben erst nach Dienstschluß erledigt.

Nach der x-ten Störung bei der Bearbeitung von umfangreichen Aufgaben, die nicht auf die Schnelle erledigt werden können, legte ich dann den betreffenden Vorgang zur Seite und wartete bis zum offiziellen Dienstschluß der Mitarbeiter. Dann nahm ich diesen Vorgang wieder hervor und bearbeitete ihn.

Erkennen Sie sich möglicherweise wieder?

Das Wichtigste in der störungsfreien Zeit erledigen

Ich habe die Einführung einer störungsfreien Zeit für die ersten zwei Arbeitsstunden des Tages als eine der effizientesten Entscheidungen schätzen gelernt. Mit einem Mal war es möglich, auch komplexere Geschäftsvorgänge zu bearbeiten. Nach diesen zwei Stunden waren die wichtigsten Aufgaben für den betreffenden Tag erledigt, alle anderen Aufgaben gingen dann viel leichter von der Hand.

Können Sie sich vorstellen, daß der Rest des Tages mit dem Erfolgserlebnis der ersten zwei Stunden in guter Stimmung verlief, was sich zwangsläufig wiederum auf die Leistungsfähigkeit auswirkte?

In den wenigen Stunden störungsfreier Zeit ist in den meisten Fällen mehr zu schaffen, als wenn diese Tätigkeiten über den ganzen Tag verteilt würden.

Haben Sie bereits eine störungsfreie Zeit eingeführt? Wenn nicht, versuchen Sie unter allen Umständen, für sich selbst und am besten auch für Ihre Mitarbeiter, diesen schöpferischen Freiraum zu schaffen.

Dieser Teil des Buches begann mit der Empfehlung, Wichtiges von Dringendem zu unterscheiden. Ich habe versucht, Ihnen zu zeigen, was wichtig ist und wie Sie Wichtiges in der normalen Arbeitszeit bewältigen können.

Bei den dringenden Aufgaben überlegen Sie bitte:

❐ Weshalb sind diese Aufgaben dringend?

- ❐ Müssen diese dringenden Aufgaben tatsächlich von Ihnen durchgeführt werden?

Delegation

Aufgaben werden auf die lange Bank geschoben

Dringende Angelegenheiten erfordern oftmals Entscheidungen unter Zeitdruck.

Haben Sie sich schon einmal gefragt, weshalb Aufgaben eigentlich dringend sind oder werden können? Ein Grund kann sein, daß Sie oder Ihre Mitarbeiter möglicherweise schon längere Zeit die betreffenden Aufgaben auf die lange Bank geschoben haben. Wenn ja, warum? Sind sie nicht so wichtig oder sind sie besonders unangenehm? Gleichwohl erfordern sie Entscheidungen – und Entscheidungen unter Zeitdruck fällen zu müssen, das darf in Zukunft für Sie nur die Ausnahme sein. Warum?

Um diese Frage beantworten zu können, muß ich etwas ausholen und über die Funktionen unseres Gehirns berichten: Alles, was wir erleben – unser Lebensfilm – ist seit unserer Geburt in uns gespeichert. Diese Informationen befinden sich in drei Bewußtseinsebenen: sofort abrufbereit im Bewußtsein und nicht direkt zugänglich in den zusätzlichen beiden Bewußtseinsebenen »Unterbewußtsein« und »Unbewußtsein«.

Wichtig für den Arbeitsstil ist es, auch die Gesetzmäßigkeiten der Gehirnfunktionen zu berücksichtigen.

Für die Lösung einer Aufgabe stehen uns sofort eine Fülle von Ideen aus den in der Bewußtseinsebene gespeicherten Daten zur Verfügung; viel umfangreichere Daten sind aber in den beiden tieferen Bewußtseinsebenen (Unterbewußtes, Unbewußtes) gespeichert.

Unser Gehirn sucht nun, unabhängig, ob wir uns mit dem betreffenden Thema gerade befassen oder nicht, nach Informationen, die für die Bearbeitung des betreffenden Geschäftsvorganges zweckmäßig sind. So geschieht es, daß uns das Unbewußte und das Unterbewußte zu allen möglichen und unmöglichen Zeiten als Gedankenblitze Ideen liefern, die für die Lösung der Aufgabe verwertbar sind. Diese Gedanken sollten Sie dann sofort zu Papier bringen, denn wir wissen ja nicht, ob sie uns gerade dann wieder einfallen, wenn wir an unserem Schreibtisch sitzen und die betreffende Aufgabe bearbeiten.

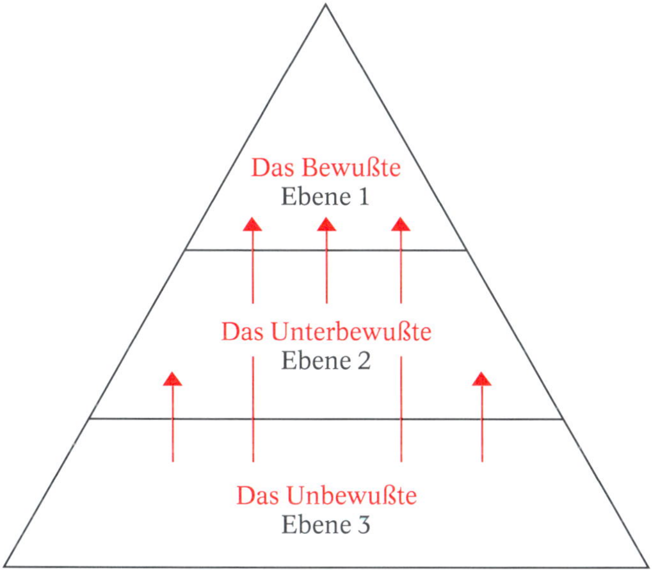

Abbildung 14: In drei Bewußtseinsebenen ist unser Wissen gespeichert.

In drei Bewußtseinsebenen ist unser Wissen gespeichert. Auf die Ebene 1 (Das Bewußte) haben wir permanent – mit gewissen Einschränkungen bei Streßsituationen – Zugriff. Die Wissensinhalte der Ebenen 2 (Das Unterbewußte) und 3 (Das Unbewußte) werden für uns durch klare schriftliche Zielformulierungen erschließbar. Spontane Ideen, die überwiegend zu Zeiten kommen, in denen wir uns nicht unmittelbar mit der betreffenden Aufgabe befassen, entstammen diesen beiden Bewußtseinsebenen. Die Pfeile deuten den Ideenfluß an.

Zeitstreß schränkt uns in unserer Leistungsfähigkeit ein

Unter Streß ist unser Gehirn in seiner Leistungsfähigkeit um zwei Drittel eingeschränkt.

Ein ganz wesentlicher Aspekt kommt hinzu: Der Gehirnforscher Frederic Vester stellt in seinem Buch »Denken – Lernen – Vergessen« (dtv-Taschenbuch) sehr anschaulich dar, wie stark das Leistungsvermögen unseres Gehirns stimmungsabhängig ist. Unter Streß leistet unser Gehirn, weil die einzelnen Gehirnzellen dann nicht mehr so gut miteinander kommunizieren wie in guter Stimmung, nur noch ein Drittel dessen, was ohne Streßbelastung möglich wäre!

Wenn wir also unter Zeitstreß stehen und eine auf die lange Bank geschobene Aufgabe ganz dringend erledigen müssen, dann wirken sich diese Gesetzmäßigkeiten aus: Uns steht nur noch ein Drittel unserer Gehirnkapazität zur Verfügung!

Also meine Empfehlung: Wenn Sie Aufgaben erledigen müssen, die einen besonderen Schwierigkeitsgrad haben, sollten Sie so bald wie möglich mit einer Ideensammlung beginnen. Stellen Sie sicher, daß Sie immer schreibbereit sind (auch in Ihrer Freizeit) und statten Sie sich mit Papier und Bleistift – zum Beispiel mit dem HelfRecht-Planer oder Freizeitetui – aus, um die wichtigen Ideen sofort aufschreiben zu können. Verwenden Sie dabei pro Idee nicht mehr als einen Zettel, damit Sie diese Ideensammlung den jeweiligen Projekten und Aufgaben ohne weiteres zuordnen können.

Zusammenfassung

Die meisten der dringenden Aufgaben sollten, auf lange Sicht gesehen, delegiert werden. Ihr Ziel sollte sein, daß Ihr Unternehmen ohne Ihre Anwesenheit bestens weiterläuft. Ihre Chefaufgabe ist es, die mittel- und langfristigen Strategien zu erarbeiten und die fünf Hauptaufgaben wahrzunehmen. Ihre Mitarbeiter müssen geschult sein, die Dinge des Arbeitstages gut zu erledigen. Sie als Führungskraft stecken also den großen Rahmen ab, der als Orientierungshilfe für Ihre Mitarbeiter dient.

Auch wenn es Ihnen schwerfällt, wenn Sie vielleicht das Unternehmen allein aufgebaut haben und sich in den ersten Jahren um alle Details kümmern mußten – lassen Sie sich nicht davon abhalten, sich von der Erledigung verschiedener Aufgaben bewußt zurückzuziehen. Wenn Ihre Mitarbeiter mit der Zeit in diese Aufgaben hineinwachsen – dabei werden Sie zwangsläufig Lehrgeld zahlen – dann ist die von Ihnen gewünschte Entlastung erreicht.

Mitarbeiter müssen in ihre Aufgaben hineinwachsen können, auch wenn sie dabei Fehler machen.

Schließlich gibt es keine sinnvolle Alternative dazu, wenn Sie sich entlasten wollen. Die Alternative könnte nur lauten, daß Sie alles selbst machen wollen und sich verschließen. Das kann doch aber nicht der Sinn Ihrer beruflichen Tätigkeit sein!

Mitarbeiter wollen informiert sein

5

So offen wie möglich über kurzfristige Ziele informieren

Zu Beginn dieses Kapitels möchte ich an Lee Iacocca, den amerikanischen Automobilmanager, erinnern. Er sagte sinngemäß: Führung = Kommunikation.

Manche Unternehmer lesen ihre Bilanz immer noch am liebsten unter der Bettdecke. Wie halten Sie es? Geben Sie Ihren Mitarbeitern auch betriebswirtschaftliche Zahlen bekannt?

Siegfried Stocker, der Inhaber eines bekannten Großbackbetriebes in München, sagte anläßlich eines Referates beim HelfRecht-Mittelstandsforum, daß es nicht wenige Unternehmer gebe, die ihre Bilanz am liebsten nur unter der Bettdecke lesen würden. Niemand solle die Zahlen kennen, es könnten ja falsche Schlüsse daraus gezogen werden.

Das Zurückhalten wichtiger Zahlen entspricht der Handlungsweise vieler Führungskräfte, aber glücklicherweise kommt es auch hier zu einem Umdenken. Denn ich kenne keinen Unternehmer, der die Entscheidung, seinen Mitarbeitern wichtige Geschäftszahlen mitzuteilen, bereut hätte.

Im Abschnitt »Anforderungen an Führungskräfte im Jahr 2000« bin ich ausführlich darauf eingegangen, worauf es für den modern denkenden Unternehmer in Zukunft ankommt.

Als Basisvoraussetzung für ein partnerschaftliches Zusammenarbeiten gilt: Die Führungskräfte eines Betriebes müssen zumindest über die kurzfristigen Unternehmensziele informiert sein. Ich frage Sie: Wie kann Sie ein Mitarbeiter entlasten wenn er nicht weiß, welche Ziele Sie verfolgen? Ideal ist es selbstverständlich, wenn die Mitarbeiter nicht nur diese Ziele kennen, sondern sogar auch an deren Formulierung mitwirken können.

Information

Wenn Sie weitergehen wollen, müssen Sie jedoch eine Voraussetzung erfüllen: Sie müssen tatsächlich auch klare, schriftlich formulierte Ziele haben und nicht nur gedankliche Erwägungen, Ideen oder Vorsätze.

Wenn ein Mitarbeiter die Ziele nicht kennt, kann er seinen Chef auch nicht entlasten.

Wenn man den immer wieder einmal veröffentlichten Markterhebungen glauben kann, so ist es leider heute noch üblich, daß nur wenige klein- und mittelständische Unternehmer über schriftlich formulierte Unternehmensziele verfügen.

Weshalb diese Zurückhaltung? Zum einen meinen viele, sie selbst und vor allem die Generation vor ihnen, seien ohne schriftlich formulierte Ziele ebenfalls erfolgreich gewesen – deshalb brauche man in Zukunft auch keine. Zum anderen – so ein weiteres Argument – möchte man seine Spontaneität nicht durch schriftlich formulierte Ziele einengen.

Dazu ist zu sagen: Die Methoden, mit denen früher erfolgreich gearbeitet wurde, reichen heute in den meisten Branchen nicht mehr aus. Unsere Zeit ist dazu viel zu schnellebig! Denken wir doch daran, daß die derzeitige Halbwertzeit unseres Wissens fünf Jahre beträgt – mit fallender Tendenz. Das heißt: Was vor fünf Jahren aktuell war, ist innerhalb dieser sehr kurzen Frist zur Hälfte bereits nicht mehr gültig! Und wie sieht das erst mit dem (Führungs-)Wissen aus, das wir von unseren Vätern übernommen haben?

Entspricht Ihr Führungswissen dem heutigen Stand?

Was früher über zwei Unternehmer-Generationen hinweg gedeihen konnte, muß heute innerhalb von wenigen Jahren erledigt werden.

Vor kurzem las ich eine Aussage, die uns drastisch die Schnellebigkeit unserer Zeit vor Augen führt: In der Vergangenheit hatten nicht selten zwei Unternehmer-Generationen Zeit dafür, schwierige Herausforderungen des Marktes zu bewältigen. Heute wird eine Führungskraft innerhalb weniger Jahre immer wieder vor solchen Schwierigkeiten stehen. Um dabei auf Kurs zu bleiben, kann es deshalb nur eines geben: eine Ausrichtung auf Ziele, die den vorhandenen Begabungsstärken entsprechen und eine Weitergabe dieser Informationen an die Mitarbeiter.

Unternehmensziele zu planen und sich gleichzeitig große Spontaneität sowie Intuition zu bewahren, ist kein Widerspruch. Im Gegenteil behaupte ich aus eigener Erfahrung und den Beobachtungen erfolgreicher Unternehmer: Gerade diejenigen sind erfolgreich und einfallsreich, die sich eine außergewöhnliche Kompetenz in einem bestimmten Marktsegment erarbeiten und zur Festigung ihrer Marktstellung klare Ziele haben.

Erst schriftlich niedergelegte Ziele machen es den Mitarbeitern möglich, an der Realisierung dieser Ziele effizient mitzuwirken.

Erinnern wir uns noch einmal an die Volksweisheit, die einen erfolgreichen Menschen so charakterisiert, daß er schon immer wußte, was er wollte. Ist es nicht besser, dieses Wissen schriftlich niederzulegen, damit es auch die Mitarbeiter kennen und sie sich ebenfalls Gedanken darüber machen können, was sie zur Zielerreichung beitragen können?

Wissen Sie noch, was bei der Umfrage über die Wünsche der Mitarbeiter an ihre Tätigkeit an zweiter Stelle stand? Es war der Wunsch, über die Unternehmensziele informiert zu sein.

Die Wirkung von schriftlich formulierten Zielen und die Weitergabe dieser Information, am besten die Mitgestaltung durch die Mitarbeiter, hat gravierende Auswirkungen.

Information

Aber zuerst ein Beispiel, wie negativ es sich auswirken kann, wenn Ziele nicht bekannt sind:

Ich habe es während meines beruflichen Werdeganges selbst erlebt, wie sich durch fehlende Abstimmung der Aktivitäten einzelner Abteilungen die aufgewendeten Kräfte nicht addierten, sondern zersplitterten. Dadurch – weil wir die Kräfte nicht auf diese Aktivitäten konzentrierten – hatten wir soviel Zeit mit der Markteinführung eines bestimmten Produktes verloren, daß hohe Maschineninvestitionen sinnlos getätigt worden waren. Die noch verpackten Maschinen wurden überhaupt nicht angerührt.

Ohne Ziele verpuffen die eingesetzten Kräfte.

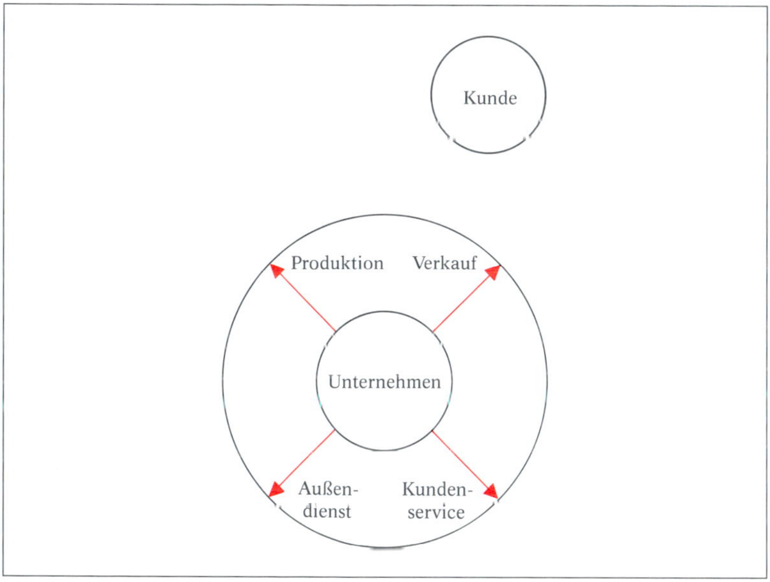

Abbildung 15: Situation in einem Unternehmen ohne klare Zielvorgaben: Jede Abteilung gibt ihr Bestes. Die Aktivitäten sind nicht aufeinander abgestimmt und erreichen gar nicht den Markt.

Vielleicht ist das ein drastisches Negativ-Beispiel, das Sie möglicherweise noch nicht erlebt haben. Fragen Sie aber einmal Ihre wichtigen Mitarbeiter, welche Ziele in Ihrem Unternehmen oberste Priorität haben. Gibt es eine einheitliche Meinung?

Es ist schlimm, welche große Frustration entstehen kann, wenn sich Mitarbeiter extrem engagieren und dann schließlich doch der Erfolg ausbleibt. Welche Wirkung es dagegen hat, wenn sich die Kräfte addieren, zeigt die nächste *Abbildung*. Agieren Sie in Zukunft so, und der Markt wird Ihre Aktivitäten spüren.

Abbildung 16: Situation in einem Unternehmen mit klaren Zielen: Erst die Konzentration aller Kräfte auf schriftlich festgelegte Ziele schafft die notwendige Durchschlagskraft.

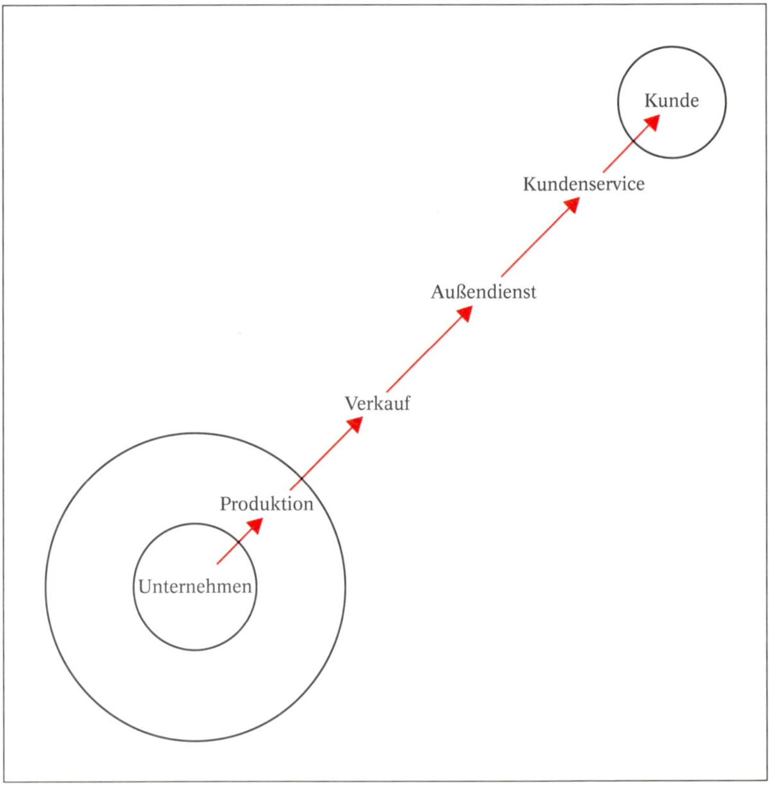

Weshalb jedoch nutzen Unternehmer, die klare Ziele haben, nicht die Chance, die vorhandenen Kräfte zu vervielfältigen? Einen wesentlichen Grund dafür gibt es: Ein Unternehmer selbst oder ein Unternehmer-Kollege haben die schlechte Erfahrung gemacht, daß Mitarbeiter die Firma verließen und Informationen über die Ziele mitnahmen. Vielleicht gingen diese Mitarbeiter sogar zum Wettbewerb oder machten sich in der gleichen Branche selbständig.

Information

Selbst unter Berücksichtigung dieser nicht zu leugnenden Gefahr sollte dies für Sie kein Grund sein, Informationen über Ziele zurückzuhalten. Dabei möchte ich aber differenzieren hinsichtlich der kurz-, mittel- und langfristigen Unternehmensziele.

Ist es von gravierendem Nachteil, wenn ein Mitarbeiter, der die wesentlichen Unternehmensziele kennt, den Betrieb verläßt?

In den HelfRecht-Planungstagen sprechen wir von lang-, mittel- und kurzfristigen Unternehmenszielen und unterscheiden dabei noch zwischen Zielen, die vertraulich sind und Zielen, die veröffentlicht werden können.

❒ Die langfristigen Unternehmensziele in der vertraulichen Fassung werden nur vom Unternehmer erarbeitet und in der Regel nicht weitergegeben. (Die Führungskräfte der Firmengruppe HelfRecht kennen auch die vertrauliche Fassung.)

❒ Wenn wir von *mittelfristigen* Unternehmenszielen sprechen, dann meinen wir einen Zeitraum von sieben Jahren. Für diesen Zeitraum werden die wesentlichen Strategien festgelegt, deren Umsetzung den zeitlichen Rahmen von einem Jahr überschreitet. Diese für die Marktbedeutung wichtigen Strategien werden ebenfalls vom Unternehmer entwickelt und bleiben in der Regel vertraulich bei ihm. (Geschäftsleitungs-Mitglieder der Firmengruppe HelfRecht kennen auch diese Ziele, da sie diese in wesentlichen Teilen selbst erarbeitet haben.)

Die Unternehmens-Jahresziele sollten möglichst allen Mitarbeitern bekannt sein. Denn nur bei Kenntnis dieser Jahresziele kann ein Mitarbeiter bei seiner Arbeit Prioritäten setzen.

❐ Die *kurzfristigen* Unternehmensziele – wir sprechen dann von Jahreszielen – müssen allen Mitarbeitern bekannt sein, zumindest aber den Führungskräften. Sie sind für alle das entscheidende Orientierungsmittel, denn erst anhand der Jahresziele kann ein Mitarbeiter Prioritäten bei seiner Tätigkeit setzen. Er kann unterscheiden zwischen Arbeiten, die ihn im Moment voranbringen, und solchen, die – zumindest kurzfristig – für das Unternehmen keine Bedeutung haben.

Wer bisher noch nicht mit schriftlich niedergelegten Jahreszielen gearbeitet hat und diese Ziele daher auch nicht an die Mitarbeiter weitergeben konnte, der kann gar nicht ermessen, welchen Schub nach vorn schriftlich formulierte Ziele bewirken. Denken Sie dabei noch einmal an die vorhergehenden Abbildungen!

Aber was passiert in dem Extremfall, daß Ihr vertraulicher Jahreszielplan durch irgendwelche Umstände auch in die Hände Ihres schärfsten Wettbewerbers gerät oder daß sich eine Ihrer wichtigsten Führungskräfte mit diesen vertraulichen Zielplänen im gleichen Marktsegment selbständig macht? Die Auswirkungen solchen Vertrauensmißbrauches – das muß ganz deutlich gesagt werden – werden vielfach überschätzt.

Nicht nur jeder Mensch ist einmalig auf dieser Welt, geprägt durch bestimmte Begabungsstärken und -schwächen, durch Erbanlagen und Umwelteinflüsse. Auch jedes Unternehmen hat eine bestimmte Identität. Es gibt keine zwei Firmen, die absolut gleich sind. Denken Sie beispielsweise daran, was gerade in den letzten Jahren über die Corporate Identity von Unternehmen gesprochen und geschrieben wurde!

Jedes Unternehmen besitzt eine individuelle Ausstrahlung, individuelle Stärken und Schwächen – bewirkt durch die Unternehmerpersönlichkeit, die Produkt- oder Dienstleistungspalette, die Firmengeschichte und ganz besonders durch die Mitarbeiter, die sich zu einem Team zusammengefunden haben, um bestimmte Ziele zu erreichen. Der Weg zu diesen Zielen wird nun überwiegend dadurch bestimmt, welche beruflichen Fähigkeiten in einem solchen vorwärtsstrebenden Team vorhanden sind. Zwei Firmen – selbst wenn sie absolut gleiche Ziele haben – werden unterschiedlich vorgehen, so daß es bestimmt keine Katastrophe ist, daß in einem Ausnahmefall Ihre Ziele sogar Unbefugten bekannt werden.

Jedes Unternehmen besitzt eine eigene Identität, hat bestimmte Stärken und Schwächen. So ist ein Unternehmens-Jahreszielplan auch nur in dem Betrieb realisierbar, auf den er individuell zugeschnitten ist – in einem anderen dagegen nicht.

Ich gehe sogar soweit, zu behaupten, daß ein Unternehmens-Jahreszielplan, der – durch welche Umstände auch immer – einem Wettbewerber zugespielt wird, diesem Wettbewerber eher schadet als nutzt. Warum? Weil die notwendige Einbettung in die mittel- und langfristigen Ziele nicht vorhanden ist.

Was gehört in den Unternehmens-Jahreszielplan?

Aber was soll eine kurzfristige Zielformulierung enthalten? Umsatz- und Ertragsvorgaben reichen auf keinen Fall aus. Selbstverständlich – diese Zahlen gehören als Eckdaten unbedingt in jedes kurzfristige Unternehmensziel, aber Sie sollten darüber hinaus nachdenken, durch welchen konkreten Nutzen Sie sich in Ihrer Zielgruppe im nächsten Jahr besonders auszeichnen möchten.

Heben Sie sich von Ihrem Wettbewerb ab – der Unternehmens-Jahreszielplan bietet eine große Chance dafür!

Denken Sie dabei an die 4-A-Regel (*a*ttraktiver *a*ls *a*lle *a*nderen), die jeder Unternehmer immer wieder neu beherzigen sollte. Wenn Sie diese Regel konsequent umsetzen, werden Sie sich mit Sicherheit von Ihrem Wettbewerb abheben.

In den Jahreszielplan Ihres Unternehmens gehören selbstverständlich auch geplante Aktivitäten im Markt, wie etwa: neue Kunden gewinnen; Aufbau einer neuen Vertriebsschiene; Besetzung von Verkaufsgebieten; Schaffung eines rendite-orientierten Entlohnungssystems; Personalentscheidungen; Einstellung von Auszubildenden (ja/nein); Investitionen; Veränderung oder Verbesserung von Arbeitsabläufen und dergleichen.

Auch die mittel- und langfristigen Zielpläne sollten möglichst konkret formuliert sein.

Keine Frage ist, daß die lang- und mittelfristigen Ziele nicht so klar und konkret gefaßt werden können wie die Jahresziele. Diese sollten Sie aber – soweit es irgendwie möglich ist – ebenfalls als meßbare Größen beschreiben. Und je klarer das Ziel definiert ist, desto besser – denn dann kann es keine Mißverständnisse bei der Umsetzung geben. Zudem können wir klar formulierte Ziele viel besser kontrollieren und im zeitlichen Ablauf schon frühzeitig erkennen, ob sie unter den gegebenen Umständen erreicht werden können oder ob nach neuen Mitteln und neuen Maßnahmen gesucht werden muß.

Information

Formulieren Sie also nicht: »Ich möchte im neuen Geschäftsjahr neue Kunden gewinnen«, sondern legen Sie sich auf eine realistische Zahl von Neukunden fest oder formulieren Sie, welchen Umsatz oder Auftragseingang Sie von diesen Neukunden anstreben.

Schreiben Sie nicht: »Ich beteilige mich im kommenden Jahr an bedeutenden Fachmessen«, sondern formulieren Sie ganz klar, an welche Fachmessen Sie denken, bei denen Sie am ehesten Ihre Kunden erreichen.

In den Unternehmens-Jahreszielplan gehören konkrete Angaben und Größen, um später den Erfolg meßbar zu machen.

Am günstigsten ist es, wenn Sie möglichst alle Mitarbeiter an der Erarbeitung der Jahresziele beteiligen.

Und das ist sogar ganz einfach: Bitten Sie Ihre Mitarbeiter etwa ab Mitte des jeweiligen Geschäftsjahres, innerhalb der nächsten zwei Monate Ideen dafür zu sammeln, welche Ziele das Unternehmen im folgenden Geschäftsjahr anstreben soll. Wenn die Mitarbeiter bisher wenig oder gar keine Informationen – beispielsweise über die langfristigen Ziele – erhielten, muß diese Aufforderung selbstverständlich gut vorbereitet sein. Die beste Lösung ist eine persönliche Erläuterung, zum Beispiel in einer Mitarbeiterbesprechung.

Nach Ablauf der zwei Monate sichten Sie, was Ihre Mitarbeiter an Ideen gesammelt haben, und ergänzen diese Ideen mit Ihren eigenen Vorstellungen, die Sie in erster Linie von Ihren mittel- und langfristigen Zielüberlegungen abgeleitet haben. Den so entstandenen »Rohling« des Unternehmens-Jahreszielplanes besprechen Sie schließlich mit Ihren Führungskräften. Die Vorbehalte, die möglicherweise in dieser Besprechung vorgebracht werden, versuchen Sie in der verbindlichen Fassung zu berücksichtigen. Ziel dieser Besprechung ist es, daß jeder hinter der endgültigen Fassung des Unternehmens-Jahreszielplanes steht und sich mit den darin formulierten Zielen identifiziert.

Wer ist wofür zuständig?

Die einzelnen Positionen des Unternehmens-Jahreszielplanes numerieren Sie – mit 1. beginnend – und legen gemeinsam mit Ihren Führungskräften fest, wer für die Detailplanung der Einzelziele und für die Durchführung der notwendigen Mittel und Maßnahmen verantwortlich zeichnet – und wer schließlich die Zielerreichung kontrolliert.

Da es unterschiedlich wichtige Ziele in einem Jahreszielplan gibt, geben Sie allen Zielen eine Priorität: die Ziffer 1 für Ziele, die unbedingt im nächsten Geschäftsjahr realisiert werden müssen; eine 2 für jene Ziele, die nach Möglichkeit erreicht werden sollen und eine 3 für die Ziele, die ohne große Nachteile erst im folgenden Geschäftsjahr angegangen werden können.

Der Unternehmens-Jahreszielplan ist die Orientierung für das laufende Geschäftsjahr.

So haben Sie und Ihre Mitarbeiter bei Ihren Tagesaktivitäten noch einmal eine Orientierung, was tatsächlich im neuen Geschäftsjahr zählt.

Bei einem solchen Vorgehen kann sich der Unternehmer darauf konzentrieren, die Einhaltung der Ziele zu überwachen. Dies geschieht am besten monatlich einmal: Unabhängig von EDV-Zahlen oder den Ergebnissen des Controlling berichten die an der Durchführung beteiligten Mitarbeiter dem Unternehmer, wie weit sie in der Zielrealisierung vorangekommen sind und ob sie vielleicht Hilfe dabei benötigen.

Wichtig ist vor allem die eigene Einschätzung der Mitarbeiter. Sie schildern in diesem monatlichen Bericht, ob sie nach dem bisherigen Stand damit rechnen können, daß das Jahresziel ihrer Abteilung/ihres Bereiches planmäßig erreicht wird. Die Verantwortung für die Zielerreichung liegt also beim durchführenden Mitarbeiter; der Unternehmer konzentriert sich auf die Kontrollfunktion und bespricht sich nur dann intensiv mit dem verantwortlichen Mitarbeiter, wenn die Zielerreichung gefährdet scheint.

Jeden Monat wird der Unternehmer über den Stand der Zielerreichung informiert. Er übt seine Kontrollfunktion aus und greift nur dann ein, wenn die Realisierung eines Zieles gefährdet scheint.

Gemeinsam erarbeitete Ziele sind anspornende Ziele

Nicht hoch genug kann eingeschätzt werden, daß sich Mitarbeiter sehr stark für die Realisierung der Ziele einsetzen, wenn sie selbst an deren Formulierung mitgewirkt haben. Die Chance, Ihre Unternehmens-Ziele zu erreichen, vergrößern Sie zudem um ein Vielfaches, wenn Sie bereits im Planungsstadium durch die geschilderte Vorgehensweise gesichert haben, daß sich auch Ihre Führungskräfte mit den Zielformulierungen identifizieren.

Es ist manchmal eigenartig, wie wir Menschen denken und handeln: Wenn wir an der Planung von Zielen nicht beteiligt waren, werden wir gegenüber den uns vorgegebenen Formulierungen sehr skeptisch sein. Häufig bewegt uns dabei der Gedanke: »Was wird von mir verlangt, warum sind diese Ziele so hoch; können wir sie vielleicht nicht erreichen, weil sie so hoch gesteckt sind?« Unsere Grundeinstellung zu solchen »von oben vorgegebenen Zielen« ist einfach skeptisch, abwartend und distanziert.

Mitarbeiter sollten ihre eigenen Formulierungen in den Unternehmens-Zielplänen wiederfinden.

Ganz anders sieht es jedoch aus, wenn wir an den Zielformulierungen mitwirken konnten. Ideal ist es deshalb, wenn Sie im Zielplan Ihres Unternehmens sogar – soweit es geht – Originalformulierungen Ihrer Mitarbeiter wiederholen. Es ist nur zu leicht verständlich, daß sich der Mitarbeiter, der seinen Vorschlag im offiziellen Unternehmens-Jahreszielplan wörtlich wiederfindet, besonders anstrengen wird, dieses Detailziel auf jeden Fall zu erreichen.

Information

Wie beziehe ich schnellstmöglich meine Mitarbeiter in die Formulierung der kurzfristigen Unternehmensziele (Jahresziele) mit ein?

22. Jahresziel-Formulierungen von Mitarbeitern

Was tun, wenn von den Mitarbeitern keine Ideen für die Unternehmens-Jahreszielpläne kommen?

Aber was sollten Sie unternehmen, wenn Sie von Ihren Mitarbeitern trotz Aufforderung keine Ideen für die Unternehmens-Jahreszielpläne erhalten? Suchen Sie den Grund dafür; zunächst einmal sollten Sie sich aber fragen, ob möglicherweise Sie selbst die Ursache hierfür sind. Wurden die Gedanken eines Mitarbeiters in der Vergangenheit kurz und bündig abgelehnt oder – noch schlimmer – ohne Kommentar zur Seite gelegt, ohne eine Information darüber, weshalb die Gedanken nicht berücksichtigt wurden?

Schon mehrfach habe ich darauf hingewiesen: Wir müssen unseren Mitarbeitern einen Vertrauensvorschuß gewähren und davon ausgehen, daß sie ihr Bestes innerhalb des Unternehmens geben möchten. Auch Ideen, die ein Mitarbeiter früher zu den Unternehmenszielen einbrachte, waren von ihm gut gemeint. Vielleicht waren sie für Sie nicht verwertbar – aber auch hier sollten Sie sich die Frage stellen: weshalb nicht verwertbar? Eine mögliche Antwort ist, daß der Mitarbeiter nicht über notwendige Informationen verfügt hat.

Wurden früher Ideen der Mitarbeiter für die Zielpläne abgelehnt?

Vielleicht trifft der gerade geschilderte Grund nicht zu, wenn Mitarbeiter sich an der Ideensammlung für den Unternehmens-Jahreszielplan nicht beteiligen. Seien Sie auch dann nicht verstimmt und üben Sie einfach Geduld; vielleicht haben die Mitarbeiter in der Vergangenheit schlechte Erfahrungen gemacht – oder sie wissen für das kommende Geschäftsjahr tatsächlich nichts an neuen Ideen beizutragen.

Wichtig ist, daß Sie Ihre Mitarbeiter aufgefordert haben, zum Zielplan des kommenden Jahres beizutragen. Sie erreichen nämlich damit zumindest, daß es keine »Bremser« mehr gibt, die nach dem Motto im Hintergrund arbeiten: »Ich hätte ja sehr gute Ideen gehabt, was unserem Unternehmen große Erfolge bescheren könnte, wo große Einsparungen möglich gewesen wären, … – aber mich hat ja niemand gefragt!«

Informierte Mitarbeiter sind motivierte Mitarbeiter

Anläßlich einer Jahresversammlung werden die Ziele für das kommende Jahr bekanntgegeben; dazu gehört aber auch ein Rückblick auf das abgelaufene Jahr.

In einer Jahresversammlung, in der Sie einen Rückblick über das abgelaufene Jahr geben und Erfolge sowie Mißerfolge offen ansprechen, informieren Sie alle Mitarbeiter über die Ziele Ihres Unternehmens für das neue Geschäftsjahr.

Sie können vorher gemeinsam mit Ihren Führungskräften entscheiden, welche Punkte des Jahreszielplanes in die vertrauliche Fassung gehören und welche in die für die Öffentlichkeit bestimmte Version kommen.

Es gibt heute immer mehr Unternehmen, die aus ihren betriebswirtschaftlichen Zahlen keine Geheimnisse mehr machen. Damit sorgen diese Firmen unter anderem auch für eine realistische Einschätzung der Gewinne, die ein Unternehmen machen muß, um Investitionen für die Zukunft tätigen und die Arbeitsplätze aller Mitarbeiter sichern zu können.

Durch die Bekanntgabe solcher Zahlen wird aufgeräumt mit den gänzlich unrealistischen

Die Bekanntgabe von betriebswirtschaftlichen Zahlen räumt mit der Meinung auf, die Unternehmens-Gewinne seien überhöht.

Vorstellungen, die viele Verbraucher über die Höhe der Unternehmensgewinne haben. Aber – sollten wir als Unternehmer uns nicht fragen, ob diese überhöhten Vorstellungen nicht durch mangelnde Information durch uns entstanden sind und hier gerade deshalb ein besonderer Nachholbedarf vorhanden ist?

Selbstverständlich müssen Sie entscheiden, wie weit Sie bei der Bekanntgabe Ihrer Zahlen gehen wollen; ich wollte Sie mit diesen Ausführungen nur zum Nachdenken bringen. Überlegen Sie bitte, ob Sie überhaupt etwas riskieren, wenn Sie vermeintlich vertrauliche Geschäftszahlen in Zukunft vermehrt offenlegen. Aber bedenken Sie: Sie können nicht in einem guten Jahr die Zahlen bekanntgeben und sie in einem schlechteren Jahr verschweigen. Sie würden damit nur Verunsicherung und Mißtrauen schaffen. Wenn Sie sich also einmal für eine offene Informationspolitik entschieden haben, müssen Sie auch dabei bleiben.

Die mir bekannten, sehr offen informierenden Unternehmer sagen mir immer wieder: Die Vorteile dieser Informationspolitik überwiegen ganz eindeutig mögliche Nachteile!

Die Vorteile einer offenen Informationspolitik überwiegen deren Nachteile.

Mit der Bekanntgabe Ihrer Unternehmensziele innerhalb einer Mitarbeiterversammlung erzeugen Sie zudem ein »Wir-Gefühl« aller Beschäftigten. Auch das ist ein wesentlicher Erfolgsbaustein, denn die Mitarbeiter denken dann nicht mehr in den Kategorien »die da oben« und »wir da unten«: »Die da oben wissen alles, wir werden überhaupt nicht informiert.« Ein weiterer positiver Effekt: Je mehr Mitarbeiter über die Ziele Ihres Unternehmens informiert sind, desto mehr Hinweise erhalten Sie über günstige Möglichkeiten, die die Zielerreichung vereinfachen. Zusätzlich kennen Ihre Mitarbeiter den Orientierungsrahmen dafür, was für sie im nächsten Geschäftsjahr wichtig und weniger wichtig ist. Die Mitarbeiter können also Schwerpunkte bei ihrer Arbeit setzen.

Information

Und ein anderer wichtiger Aspekt: Durch offene Bekanntgabe Ihrer kurz- und auch Ihrer langfristigen Ziele können Sie sehr wirksam Presse- und Öffentlichkeitsarbeit betreiben. Laden Sie deshalb auch die Presse Ihrer Region, einen Vertreter des Regionalstudios Ihres öffentlich-rechtlichen Landessenders sowie des privaten Lokalsenders zu Ihrer Jahresversammlung ein.

Auch die Medien sind daran interessiert, welche Ziele Sie im kommenden Jahr erreichen wollen.

Noch ein außergewöhnlicher Erfolgsfaktor: Stellen Sie Ihren Unternehmens-Jahreszielplan unter ein Leitmotto! Zum Beispiel: »Das Jahr der Qualität«. Oder: »Das Jahr der Zuverlässigkeit«; »Das Jahr der korrekten Bearbeitung auch kleiner Dinge«.

Sie werden erstaunt sein, wie Ziele wirken, wenn sie Ihren Mitarbeitern erst einmal bekannt sind. Eine einmalige Information an die Mitarbeiter reicht aber sicher nicht aus, um den durch das Jahresmotto gewünschten Motivationsschub zu bekommen. In regelmäßigen Besprechungen – am besten monatlich – sollte zudem über die in der Zwischenzeit erreichten Erfolge ausführlich berichtet werden.

Welches Jahreszielmotto wähle ich als Hauptorientierungshilfe für das nächste Geschäftsjahr?

23. Jahreszielmotto

Immer wieder werde ich gefragt, wie umfangreich Jahreszielpläne sein sollten. Eine Standardantwort hierauf gibt es nicht, denn es hängt vom Schwierigkeitsgrad der Detailziele ab, wieviele Positionen Ihre Mitarbeiter und Sie sich für ein Jahr vornehmen können. Eine Empfehlung kann ich Ihnen jedoch geben: Konzentrieren Sie sich auf einige wenige Aufgaben! Es ist besser, Sie erreichen diese wenigen Ziele ausgesprochen gut, als Ihre Kräfte bei zu vielen Zielen zu zersplittern.

Information

Der Umfang eines Jahreszielplanes hängt vom Schwierigkeitsgrad der Detailziele ab.

Wie oft sprechen wir doch davon, wie schnell die Zeit und damit auch ein Geschäftsjahr vergehen. Und deshalb ist der häufigste Fehler, der gemacht wird: Der Unternehmens-Jahreszielplan wird überladen. Die Folgen sind fatal: Sie geraten in Zeitnot, in Hektik und Streß. Das wirkt sich auf Ihre Leistungsfähigkeit, Ihre Kreativität und auch auf Ihre Mitarbeiter katastrophal aus, wie wir bereits von Frederic Vester wissen.

Viel besser ist es statt dessen, den Unternehmens-Jahreszielplan nicht zu überladen. Und wenn Sie tatsächlich alle Positionen vor Ende des Geschäftsjahres erledigt haben sollten, dann können Sie schon Positionen aus dem Jahreszielplan des Folgejahres in Angriff nehmen – vorausgesetzt, Sie sind bei der Vorbereitung für das Folgejahr genauso vorgegangen, wie ich es hier beschrieben habe. Es ist also auch aus diesem Grunde sehr sinnvoll, schon etliche Monate vor Ende des Geschäftsjahres Ideen für den Zielplan des nächsten Jahres zu sammeln.

Wichtig: Nehmen Sie sich nicht zuviel für ein Jahr vor!

Betriebsklima = Kommunikationsklima

Die Faszination eines außergewöhnlich guten Betriebsklimas.

Fast jedesmal, wenn ich HelfRecht-Planungstage leite, werde ich von Teilnehmern auf folgende Situation angesprochen: »Ich bin nun einige Tage in Ihrem Kongreß-Zentrum und beobachte interessiert, wie Ihre Mitarbeiter agieren, wie sie auf die Wünsche der Teilnehmer eingehen, mit welcher Präzision diese Aufgaben erfüllt werden – und das alles in einer spürbar harmonischen Arbeitsatmosphäre. Mich überzeugt das, ich merke deutlich: Hier wird kein Theater gespielt, hier ist nichts gekünstelt. Wie erreichen Sie dieses Betriebsklima? Wenn ich an meinen Betrieb denke, in dem in Hektik und auch mit einem manchmal verletzenden Umgangston gearbeitet wird, fasziniert mich das Arbeitsklima hier besonders.

Ich bin stolz darauf sagen zu können, daß diese Teilnehmer sehr gut und richtig beobachtet haben. Im HelfRecht-Studienzentrum herrscht ein außergewöhnlich gutes Betriebsklima; das bedeutet aber nicht, daß es nicht immer wieder einmal Belastungen gibt, die dann besprochen und ausgeräumt werden müssen.

Sie werden sich gewiß fragen, wie wir dieses außergewöhnlich gute Betriebsklima erreichen. Entscheidend ist in erster Linie, daß unsere Mitarbeiter sehr gut informiert sind. Sie fühlen sich als Partner und nicht als anonyme Rädchen in einem großen Getriebe. Sie sind sich ihres Wertes bewußt und wissen, welchen Beitrag sie zur Realisierung der Unternehmensziele leisten.

Denken Sie bitte daran: In einem Unternehmen müssen die einzelnen Tätigkeiten wie ein gut aufeinander abgestimmtes Getriebe geräuschlos ineinandergreifen. Da gibt es keine unwichtigen und wichtigen Räder. Alle haben ihre Funktion und dabei kann das kleinste, wenn es nicht funktioniert, zu einem großen Schaden führen.

Information

Jeder Mitarbeiter im Unternehmen ist wichtig!

Sie werden sicher denken, daß dies eine allgemein bekannte Tatsache ist. Das ist richtig, aber das Wissen allein reicht hier nicht aus. Dem Wissen muß das Handeln folgen!

Sehen und behandeln Sie Ihre Mitarbeiter als interne Kunden

Setzen Sie sich sehr intensiv mit folgendem Zitat auseinander: Der amerikanische Personalberater Leonid Berry sagte: »Personalmarketing: Führungskräfte müssen ihre Mitarbeiter als interne Kunden betrachten und die Jobs als interne Produkte. Ziel muß es sein, sicherzustellen, daß die internen Kunden mit ihren Produkten, sprich Jobs, zufrieden sind.«

Welche Anstrengungen unternehmen Führungskräfte, um für ihre Kunden attraktiv zu sein! Übertragen Sie diese Gedanken, ein interessanter Partner zu sein, auch auf Ihr Führungsverhalten im Unternehmen. Sehen Sie in Ihren Mitarbeitern interne Kunden? Stellen Sie sie so zufrieden, wie Ihre externen Kunden, und Sie werden ein ausgezeichnetes Betriebsklima schaffen.

Ich schreibe in die Liste meiner regelmäßig wiederkehrenden Aufgaben, wann ich mit den mir direkt unterstellten Mitarbeitern (Informations-) Gespräche führe.

24. Mitarbeiter-Gespräche

Nur ein kontinuierlicher Informationsfluß zeigt Wirkung

Sie wissen bereits, daß Sie Ihre Mitarbeiter mindestens einmal im Geschäftsjahr in einer Jahrestagung – ich kenne Unternehmen, die zum Halbjahr einen Zwischenbericht geben – über die anzustrebenden Ziele informieren sollten. Eine oder zwei Veranstaltungen im Jahr sind aber noch zu wenig, um den Mitarbeitern die für die Aufgabenerfüllung notwendigen Informationen zu geben.

Monatliche Besprechungen werden für ein Jahr im voraus terminiert. Diese Fixtermine sind für jeden Beteiligten verbindlich.

In den Unternehmen der Firmengruppe HelfRecht wird deshalb für den Zeitraum eines Jahres für jeden Monat ein Besprechungstermin fixiert, damit jeder Beteiligte diese Fixtermine in seinen Terminplanungen berücksichtigen kann. Sinn dieser Besprechungsrunden – wir nennen sie Mangelbericht/Erfolgsbericht-Besprechungen – ist in erster Linie, über Verbesserungsmöglichkeiten in den einzelnen Arbeitsbereichen nachzu denken. Wenn jemand Mängel erkannt hat, spricht er sie schriftlich an und versucht zugleich, ihre Ursachen darzustellen. Damit ist aber seine Aufgabe noch nicht erledigt. Er soll vielmehr zusätzlich darstellen, wie er den entsprechenden Mangel beseitigen möchte – und das in zwei (besser drei) alternativen Lösungsmöglichkeiten.

Alle besprochenen Punkte werden protokolliert; im Protokoll wird auch festgehalten, wer bis wann (Erledigungstermin) für die Durchführung welcher Aufgaben verantwortlich ist. Wichtig ist aber auch, daß der Leiter der Besprechungsrunde zu deren Beginn einen Überblick über den Vormonat gibt, Erfolge darstellt und auch aufzeigt, was – aus welchem Grund – weniger gut gelungen war.

Bei jeder Besprechung wird ein Protokoll angefertigt, das zu Beginn der nächsten Sitzung durchgegangen wird.

Zu Beginn der nächsten Besprechung wird dann das letzte Protokoll durchgegangen; so erfahren alle Teilnehmer, was sich seit der vergangenen Besprechung alles verändert – verbessert – hat: Welche Mängel konnten in Erfolgsfaktoren verwandelt werden? Dies zeigt den Mitarbeitern sehr deutlich, daß das Suchen nach Mängeln keine Beschäftigungstherapie ist, sondern daß dadurch das Unternehmen jeweils ein Stück vorangebracht wird.

Die Mitarbeiter haben mit dieser Möglichkeit – also der Darstellung dessen, was sie stört, was sie anders und besser gestaltet haben möchten – ein natürliches Ventil zum »Ablassen« von Verstimmungen und Ärger. Es entstehen viel weniger Stimmungsbelastungen, da Problemfelder bereits im Anfangsstadium angesprochen werden. Das Gefühl der Hilflosigkeit in einer schwierigen Situation kommt erst gar nicht auf. Mit dem System des Mangelberichts/Erfolgsberichts beseitigen wir also das Empfinden der Mitarbeiter, nicht mitgestalten zu können. Im Gegenteil: Sie spüren, daß sie am Unternehmenserfolg wesentlich beteiligt sind.

Wie im 3. Kapitel bereits dargestellt, sollten Sie einem Mitarbeiter auf keinen Fall erlauben, nur zu »meckern«, sondern er muß unbedingt zu dem von ihm erkannten Mangel zwei oder noch besser drei Verbesserungsvorschläge machen.

Damit erreichen Sie – und das ist besonders wichtig –, daß der Mitarbeiter seine Gedanken nicht mit negativen Gefühlen nach dem Motto »In unserem Unternehmen klappt ja gar nichts« abschließt, sondern durch die Erarbeitung von Lösungsvarianten zwangsläufig positiv denkt. Diese positive Einstellung wird noch ganz wesentlich dadurch verstärkt, daß die Lösungsvorschläge so formuliert werden müssen, als ob die angestrebte Zielsituation bereits erreicht sei. Der Mitarbeiter formuliert also: »Wir haben erreicht, daß …«

Information

Die angestrebte Lösung eines Problems wird so formuliert, als ob sie bereits erreicht sei.

Die Mangelbericht/Erfolgsbericht-Besprechungen dienen also in erster Linie dazu, dieHürden zu erkennen, die auf dem Weg zum Erreichen des Jahreszieles zu nehmen sind, und darauf aufbauend Lösungsvorschläge zu erarbeiten.

Und ein weiterer wichtiger Effekt dieser Besprechungsrunden: Die Teilnehmer erfahren regelmäßig, wo sich das Unternehmen hinsichtlich der Realisierung des Jahresziels befindet.

Die Stimmung bestimmt

Wie wichtig eine positive Arbeitsatmosphäre ist, stellt Frederic Vester in seinem von mir bereits erwähnten Buch »Denken – Lernen – Vergessen« dar.

Schon Gustav Großmann hatte erkannt, daß der Mensch das wertvollste Gut im Unternehmen ist.

Schlechte Stimmung bedeutet Streß und eine Verminderung der Leistung auf ein Drittel! So verwundert auch nicht die Aussage von Gustav Großmann in seinem Buch »Der Chef, nach dem sich die besten Kräfte reißen«: Ein Mitarbeiter, der mutwillig Maschinen zerstört, beeinträchtigt den Unternehmenserfolg weniger als derjenige, der ständig schlechte Stimmung verbreitet.

In welcher Stimmung erbringen Sie Ihre besten Leistungen? Keine Frage! Und was für Sie gilt, trifft auch für Ihre Mitarbeiter zu! Eine wesentliche Chefaufgabe ist es daher, permanent auf die Stimmung und die Harmonie bei den Mitarbeitern zu achten. Und: Sollten einmal Belastungen des Arbeitsklimas auftreten, müssen Sie den Ursachen nachgehen – also nicht nach dem Schuldigen suchen – und die Gründe für die Mißstimmung beseitigen.

Was belastet meine Stimmung am meisten? Wo hole ich mir die meiste Kraft? In welchen Abteilungen herrscht schlechte Stimmung? Was sind die Ursachen?

25. Betriebsklima

Kennen Sie die zuverlässigsten Indikatoren, die Ihnen zeigen, ob das Betriebsklima und somit auch die Arbeitsatmosphäre und Stimmung in Ihrem Unternehmen in Ordnung sind? Die beiden Faktoren sind:

Fehlzeiten und die Beteiligung Ihrer Mitarbeiter an Verbesserungsvorschlägen.

❒ Fehlzeiten Ihrer Mitarbeiter

Wenn die Fehlzeiten der Mitarbeiter überdurchschnittlich hoch sind, gibt es hierfür eine Reihe von Ursachen. Eine kann ein gestörtes Betriebsklima sein.

Vergleichen Sie einmal die Fehlzeiten (Krankheit, Ausfälle) Ihrer Mitarbeiter mit den Werten Ihrer Kollegenfirmen. Wie liegen Sie im Vergleich? Ist der Prozentsatz beispielsweise bei Ihnen wesentlich ungünstiger als bei Ihren Wettbewerbern, dann ist das ein deutlicher Hinweis für Sie, daß in bezug auf das Betriebsklima in Ihrem Unternehmen dringender Handlungsbedarf besteht.

Liegen die ermittelten Fehlzeiten ungefähr in der gleichen Größenordnung wie bei Ihren Wettbewerbern, dann trösten Sie sich nicht damit, daß die Qualifikation der Mitarbeiter insgesamt keine besseren Zahlen in Ihrer Branche ermögliche. Sehen Sie vielmehr auch hier eine Herausforderung, attraktiver als alle anderen zu sein und gezielt das Betriebsklima zu verbessern. Die Fehlzeiten werden sich dann drastisch reduzieren und unter dem Branchendurchschnitt liegen.

Die Indikatoren für ein gutes Betriebsklima behalte ich ab sofort im Auge. Ich prüfe regelmäßig die Abwesenheitsquote und die Mitarbeit an Verbesserungsvorschlägen.

26. Indikatoren des Betriebsklimas

Wenn der Chef anwesend ist, fehlen die Mitarbeiter.

Auch hierzu ein Beispiel:

Als ich während der HelfRecht-Planungstage diesen Betriebsklima-Indikator erläuterte, sprach mich in einer Pause ein Unternehmer an und sagte, daß ihm ganz heiß dabei geworden sei. Ihm wurde nämlich bewußt, daß dann die höchste Abwesenheitsquote bei seinen Mitarbeitern zu verzeichnen gewesen sei, wenn er selbst im Unternehmen anwesend war! Als wir im Gespräch nach Gründen dafür suchten, brauchten wir nicht lange zu forschen. Dieser Unternehmer delegierte Aufgaben, aber keine Verantwortung. Sein persönlicher Arbeitsstil war das Maß aller Dinge; seinen Mitarbeitern hielt er immer wieder vor, wie er es anders und besser gemacht hätte. Ein Orientierungsrahmen in Form von Unternehmenszielen fehlte völlig. Kein Wunder, wenn also die Mitarbeiter ihre kleinen Wehwehchen zu Hause auskurierten – denn sie wußten ja, daß der Chef im Hause war und die Arbeiten nach seiner Vorstellung selbst erledigen würde.

❒ Beteiligung der Mitarbeiter an Verbesserungsvorschlägen

Auch dieser zweite Maßstab eines guten Betriebsklimas ist ein sicheres Indiz dafür, ob sich Ihre Mitarbeiter mit »ihrem« Unternehmen identifizieren oder ob sie es nur als Erwerbsquelle sehen.

In jedem Unternehmen gibt es etwas zu verbessern

Sie gewinnen einen gewaltigen Vorsprung vor Ihren Wettbewerbern, wenn Sie Ihren Mitarbeitern bewußt machen, daß ihre Hinweise zur Verbesserung der Leistung ihres Unternehmens willkommen sind. Sie sollten sogar so weit gehen, Vorschläge, die zu einer in Zahlen meßbaren Verbesserung führen, für eine bestimmte Zeit auch mit einem gewissen Prozentsatz der Einsparung zu honorieren. In der Firmengruppe HelfRecht versuchen wir, die sich durch einen Verbesserungsvorschlag ergebende Einsparung in Mark auszurechnen. Der Mitarbeiter erhält dann als Prämie zehn Prozent der rechenbaren Einsparung der ersten zwölf Monate.

Jeder Unternehmenserfolg setzt sich aus vielen kleinen Mosaiksteinen zusammen. Ein solcher Mosaikstein ist die Beseitigung des Mangels, auf den Sie ein Mitarbeiter aufmerksam machte.

Es ist wichtig, auf jeden Verbesserungsvorschlag eines Mitarbeiters einzugehen. Zusätzlich motiviert werden die Mitarbeiter, wenn ihre Verbesserungsvorschläge in Mark und Pfennig honoriert werden.

Gibt es in Ihrem Unternehmen eine Systematik, wie mit den Verbesserungsvorschlägen umgegangen wird? Wenn ja, haben Sie ein wichtiges Ventil, mit dessen Hilfe Mitarbeiter Ärger sofort abbauen können und sich nichts nach dem Motto aufstaut: »Ich wüßte ja, wie wir uns verbessern könnten, aber niemanden interessiert das.« Beachten Sie hierzu auch die Ausführungen über den Sinn von Mangelbericht/Erfolgsbericht-Besprechungen auf den Seiten 167 bis 169.

Wissen Ihre Mitarbeiter, welche Leistung Sie erwarten?

Anhand eines Beispiels möchte ich diese Zwischenüberschrift erläutern:

Mitarbeiter müssen die an sie gestellten Anforderungen kennen.

Nehmen Sie an, ein Verkaufsleiter wechselt von Firma A zu Firma B. In beiden Unternehmen gehört zu einer seiner Hauptaufgaben, die wichtigsten Kunden zu besuchen. In der Vergangenheit war er gewohnt, diese Firmen zweimal pro Jahr aufzusuchen; diesen Besuchsrhythmus überträgt er auf seine Tätigkeit im neuen Unternehmen.

Nach kurzer Zeit merkt er, daß der Unternehmer mit seiner Leistung nicht zufrieden ist. Er spürt dies recht deutlich an verschiedenen Reaktionen. Als man schließlich ins Gespräch geht, hört der Verkaufsleiter, daß dem Unternehmer ein zweimaliger Besuch wichtiger Kunden pro Jahr nicht gefällt. Er habe doch einen Verkaufsleiter eingestellt und keinen »Reiseonkel«. Und: Es reiche in dieser Branche vollkommen aus, die wichtigsten Kunden einmal jährlich zu besuchen.

Dieses Beispiel kann man genau umkehren: Der Verkaufsleiter war früher gewohnt, einmal pro Jahr zu den wichtigsten Firmen zu fahren; er bleibt bei dieser Gewohnheit. Hier kann jetzt eine Verstimmung der Art auftreten, daß der Unternehmer denkt, er habe sich einen recht faulen neuen Verkaufsleiter engagiert – dieser müsse doch schließlich hinausfahren und nicht soviel im Büro sitzen.

Wenn nur ein einziges Mal darüber gesprochen worden wäre, welche Erwartungen der Unternehmer an die Erfüllung dieser Hauptaufgabe – Besuch der wichtigsten Firmen – hat, wäre es nicht zu den erwähnten Belastungen gekommen.

Information

Aus meiner langjährigen beruflichen Erfahrung weiß ich, daß gerade hier – bei unklaren Vorgaben des Vorgesetzten an die Mitarbeiter – extrem viel Energie verlorengeht. Der Mitarbeiter versucht, sein Bestes zu bringen; der Vorgesetzte ist jedoch mit dem Ergebnis nicht zufrieden, weil er sich etwas anderes vorstellte. Der Mitarbeiter spürt die Enttäuschung, bringt aber die Zivilcourage nicht auf, mit dem Chef über die entstandene Verstimmung zu sprechen. Vielmehr zieht er sich in sein Schneckenhaus zurück – Motto: »Meinem Chef kann ich es ja doch nicht recht machen.« Und so entstehen Stimmungsbelastungen mit einem entsprechenden Arbeitsergebnis. Eine fatale Situation!

Eine solche Haltung kann sich sogar bis zu einer inneren Leistungsverweigerung (innere Kündigung) steigern. Glaubt man statistischen Erhebungen über den Prozentsatz der Mitarbeiter, die ihre innere Kündigung ausgesprochen haben, so bietet die Lösung dieses Problemfeldes eine ungewöhnlich große Erfolgschance. Zweistellige (!) Renditeverbesserungen wären sofort zu erreichen, wenn dieser Konfliktherd beseitigt werden könnte. Denken Sie also bitte daran, daß Ihre Mitarbeiter keine Gedanken lesen können. Sprechen Sie das deutlich an, was Sie von Ihren Mitarbeitern wünschen.

Die innere Kündigung von Mitarbeitern kann sich fatal auf das Betriebsergebnis auswirken.

Zwei Tips dazu: Denken Sie einmal darüber nach, wie im militärischen Bereich vorgegangen wird, um sicherzustellen, daß Befehle so ausgeführt werden, wie sie gedacht waren. Richtig! Der Vorgesetzte läßt sich den von ihm erteilten Befehl wiederholen.

Wir müssen uns immer wieder der Tatsache bewußt sein, daß Kommunikation ein komplexer Vorgang ist. Leicht hat ein Mitarbeiter uns falsch verstanden; für das mangelhafte Ergebnis seiner Tätigkeit geben wir ihm dann schnell die Schuld.

Wir sollten uns also keinen Illusionen bezüglich unseres Aufnahmevermögens hingeben – und auch nicht hinsichtlich des Auffassungsvermögens der Mitarbeiter. Erinnern Sie sich an die Spiele, die bei Jugend-Geburtstagen häufig gemacht werden? Jemand liest für sich selbst eine Kurzgeschichte. Den Inhalt dieser Geschichte flüstert er dem Nachbarn ins Ohr. Dieser gibt dann das Gehörte weiter. Je mehr Teilnehmer in der Runde sind, desto unvollständiger wird die Geschichte dann, wenn sie am Schluß laut erzählt und mit der Vorgabe verglichen wird.

Denn wir wissen: Gesagt ist noch nicht gleich gehört; gehört ist noch nicht gleich verstanden; verstanden ist noch nicht gleich einverstanden; einverstanden ist noch nicht gleich angewandt. Daher gilt: Was wir gesagt haben, muß der andere noch lange nicht so verstanden haben, wie wir es uns vorstellten. Hat er es aber verstanden, so ist noch gar nicht sicher, ob er damit einverstanden ist. Und noch weniger gesichert ist, daß er dann das, was wir wünschen, auch durchführt.

Hier – im Bereich der Kommunikation – ist jede Führungskraft herausgefordert, denn die Hauptaufgabe B – Mitarbeiterauswahl, -führung und -motivation – wird für den Erfolg eines Unternehmens immer bedeutender.

Eine weitere Möglichkeit, die sicherstellt, daß wir richtig verstanden wurden, ist die Arbeit mit Zweckbeschreibungen, wie im nächsten Abschnitt erläutert.

Bin ich mir sicher, daß meine Mitarbeiter genau wissen, was ich von ihnen erwarte? Wann sollte ich an sie weitere Informationen geben? Mit wessen Leistung bin ich gar nicht zufrieden? Liegt es an mangelnden Informationen? Was erwarte ich? Wie kommuniziere ich in Zukunft, um Verständnislücken so gering wie möglich zu halten?

27. Kommunikation im Unternehmen

Vom Sinn der beruflichen Aufgaben

Die gerade dargestellten Mängel können Sie in einen außergewöhnlichen Erfolgsfaktor verwandeln: Während der HelfRecht-Planungstage empfehlen wir bei der Erstellung der Beruflichen Situationsanalyse – dabei wird eine Übersicht über das berufliche Aufgabengebiet angelegt –, zu jeder Hauptaufgabe eine sogenannte Zweckbeschreibung anzulegen. In ihr wird ausführlich beschrieben, wer welchen Nutzen durch die Erfüllung der entsprechenden beruflichen Aufgabe hat.

Wer hat welchen Nutzen von meiner Tätigkeit? Diese Frage muß für jeden Mitarbeiter im Vordergrund stehen.

Anhand eines Beispiels möchte ich dies verdeutlichen. Im folgenden lesen Sie die Zweckbeschreibung einer Chefsekretärin der Firmengruppe HelfRecht. Da sich auch in den beruflichen Tätigkeiten laufend Änderungen ergeben – nichts ist so beständig wie der Wandel –, muß eine solche Zweckbeschreibung regelmäßig aktualisiert werden.

Und nun die Zweckbeschreibung zur Hauptaufgabe »*Organisation der Jahrestagung der Firmengruppe HelfRecht und Überwachung aller damit verbundenen Termine*«:

Die perfekte Organisation einer Jahrestagung bietet vielfältigen Nutzen.

Nutzen für Mitarbeiter:

Es ist außerordentlich wichtig, alle Mitarbeiter über die Ziele ihres Unternehmens und der Firmengruppe HelfRecht zu informieren. Bei unserer Jahrestagung am Ende eines Jahres gibt die Geschäftsleitung der Firmengruppe HelfRecht deshalb die Ziele des kommenden Jahres bekannt und erläutert sie. Die Mitarbeiter erfahren dabei auch, welche Erfolge im zurückliegenden Jahr erzielt wurden, ob die Jahresziele erreicht werden konnten und welche Prioritäten für das kommende Jahr gesetzt werden.

Nur so können die Mitarbeiter für die wesentlichen und wichtigen Aufgaben sensibilisiert werden. Jeder einzelne ist dadurch motiviert, bestmöglich am Erfolg mitzuwirken.

Die Chefsekretärin, die die Jahrestagungen der Firmengruppe HelfRecht in eigener Verantwortung organisiert, weiß, welche Bedeutung diese Tagungen für alle Mitarbeiter haben.

Die Mitarbeiter haben außerdem die Möglichkeit, diesen Tag gemeinsam in harmonischer Stimmung zu verbringen. So wird auch die Kollegialität verstärkt, Gespräche am Abend fördern die Harmonie und das »Zusammengehörigkeitsgefühl«.

Wir bieten unseren Mitarbeitern dabei die bestmögliche Atmosphäre – dies gelingt aber nur wenn die Jahrestagung optimal organisiert ist und reibungslos abläuft.

Nutzen für Geschäftsleitung:

Die gesteckten Ziele können nur erreicht werden, wenn alle Mitarbeiter ihr Bestes geben. Die angestrebten Ziele werden in Jahreszielplänen von der Geschäftsleitung zusammengefaßt; jeder Mitarbeiter hat die Möglichkeit, seine Ideen dazu einzubringen. Dann kann unsere Geschäftsleitung bei der Jahrestagung alle Mitarbeiter für diese Ziele begeistern.

Durch die Tagung fühlen sich die Mitarbeiter in die Zielfestlegung mit einbezogen und damit auch für den Erfolg der ganzen Firma verantwortlich.

Durch ein schmackhaft ausgewähltes Buffet wird für das leibliche Wohl aller Beteiligten gesorgt. Die Geschäftsleitung erhält für ihre Großzügigkeit auch sehr viel Anerkennung und Wertschätzung.

Nutzen für Angehörige der Mitarbeiter:

Sie sind über die Ziele des Unternehmens informiert, in dem ihr Partner arbeitet, und haben mehr Verständnis für seine Aufgaben; sie fühlen sich geschätzt und anerkannt.

Auch die Angehörigen der Mitarbeiter sind in die Zweckbeschreibung für diese Hauptaufgabe einbezogen.

Nutzen für das Hotel Alexandersbad:

Durch solche firmeninternen Veranstaltungen wird auch die Kollegialität zu Mitarbeitern des Hotels verbessert und gestärkt. Denn man hat bei dieser Gelegenheit die Möglichkeit, auch einmal mit Mitarbeitern des Hotels zu sprechen.

Auf die Geschäftsmöglichkeiten des Hotels wirkt sich unsere Veranstaltung ebenfalls positiv aus: Zum einen durch den bei der Jahrestagung direkt erzielten Umsatz, zum anderen dadurch, daß Mitarbeiter – die ja aus diesem Raum sind – den guten Service des Hotels kennenlernen und das Hotel auch für private Feiern oder Restaurantbesuche nutzen.

Können Sie sich vorstellen, wie sehr sich eine Mitarbeiterin, die eine solche Zweckbeschreibung für ihre berufliche Hauptaufgabe »Organisation der Jahrestagung« erstellt hat, mit ihrer Aufgabe identifiziert? Sie spürt und erkennt zu Recht, welchen Wert sie »ihrem« Unternehmen damit bietet, ihre Aufgabe möglichst gut durchzuführen. Ihr Selbstwertgefühl – ihr Selbstbewußtsein – wird gestärkt, sie tritt dem Chef, den Kollegen oder den geschäftlichen und privaten Partnern gegenüber selbstbewußt und sicher auf. Sie kennt ihren Wert. Sie fühlt sich nicht als anonymes Rädchen in einem großen Getriebe, sondern sie weiß, was sie zum Unternehmenserfolg beiträgt.

Ein Mitarbeiter, der weiß, in welchem Maß er am Unternehmenserfolg beteiligt ist, besitzt ein entsprechendes Selbstwertgefühl. Er strahlt Selbstbewußtsein aus – gegenüber Kunden, Lieferanten, Behörden – aber auch in der Familie, im Freundes- und Bekanntenkreis.

Ein natürliches Selbstwertgefühl wirkt sich in Lebensfreude und damit auch in einer stabilen Gesundheit aus. Was kann einem Mitarbeiter und auch einer Führungskraft mehr am Herzen liegen, als solche Arbeitsbedingungen zu schaffen?

Die Voraussetzungen für eine solche ideale Arbeitseinstellung muß der Chef schaffen, indem er sich Zeit nimmt, mit den Mitarbeitern die zu erfüllenden Aufgaben ausführlich durchzusprechen – wobei herausgearbeitet werden sollte, welcher Nutzen anderen durch die optimale Durchführung dieser Aufgaben geboten wird. Meine Empfehlung für die wirkungsvollste und aus Erfahrung beste Vorgehensweise: Nach der ausführlichen Erläuterung des Chefs sollte der Mitarbeiter schriftlich festhalten, wie er den Nutzen und die Durchführung jeder Aufgabe sieht, der Chef überprüft dann die Formulierung und gibt – wenn nötig –, Anregungen für Änderungen. So kann er erkennen, ob der Mitarbeiter die Aufgabenerfüllung richtig verstanden hat.

Der Arbeit einen Sinn geben. Wem biete ich mit meinen Aufgaben welchen Nutzen?

28. Nutzenbeschreibungen

Zusammenfassung

Richtige Kommunikation ist eine der wesentlichen Grundlagen für ein gutes Betriebsklima.

Gewiß: Kommunikation im Unternehmen ist nicht alles – aber nichts läuft richtig ab ohne richtige und der Situation angepaßte Kommunikation zwischen Führung und Mitarbeitern. Deshalb informieren Sie Ihre Mitarbeiter, kommunizieren Sie mit ihnen – Sie werden ein positives Betriebsklima mit entsprechender Arbeitseffizienz erreichen.

6 Die häufigsten Führungsfehler – und wie man sie vermeidet

Führungsfehler: schlechte Einarbeitung

Der erste Eindruck entscheidet – auch bei einem Mitarbeiter, der neu ins Unternehmen eintritt.

Wie häufig geschieht es, daß ein Mitarbeiter »ins kalte Wasser« geworfen wird. Er findet einen blankgeputzten Schreibtisch vor und bekommt nur sehr wenige Informationen, weil der Chef andere, vermeintlich wichtigere Termine wahrzunehmen hat. Gerade in der Einarbeitungsphase benötigt der Mitarbeiter jedoch viele Informationen, wenn er gute Leistungen innerhalb kurzer Zeit erbringen soll.

Eine Einarbeitung läßt sich ganz wesentlich beschleunigen. Während der HelfRecht-Management-Planungstage empfehlen wir deshalb beispielsweise, daß dem neuen Mitarbeiter ein »Pate« zur Seite gestellt wird, der Ansprechpartner bei Unklarheiten ist und den Neuen in das betriebliche Geschehen und die »Gebräuche« einführt.

Hat der Unternehmer vor der Einstellung eines Mitarbeiters ein Anforderungsprofil erstellt, wie ich es in diesem Buch empfohlen habe, so ist bereits eine wichtige Orientierungshilfe dafür vorhanden, welche Aufgaben auf den neuen Mitarbeiter warten.

Ideal ist es, wenn eine Berufliche Situationsanalyse des Vorgängers vorliegt, da sie den Einstieg ins Unternehmen wesentlich erleichtert. Diese Analyse umfaßt: Liste der Hauptaufgaben, Zweckbeschreibungen dazu und genaue Auflistung der Mittel und Tätigkeiten, wie die jeweiligen Aufgaben vom Vorgänger erledigt wurden. Da aber jeder Mensch spezifische Stärken und berufliche Werdegänge mit den entsprechenden Erfahrungen besitzt, muß der neue Mitarbeiter selbstverständlich nach einer gewissen Zeit – unsere Empfehlung lautet: nach etwa sechs Monaten – eine eigene Berufliche Situationsanalyse erstellen, die seinem persönlichen Arbeitsstil entspricht. Diese Berufliche Situationsanalyse wird mit dem jeweiligen Chef abgestimmt und von ihm auch freigegeben – erst dann ist sie verbindliche Handlungsgrundlage für den neuen Mitarbeiter. Auch hier richte ich noch einmal die Forderung an Sie: Delegieren Sie an Ihre Mitarbeiter nicht nur Aufgaben, sondern auch Verantwortung! Gerade hier erkennen Sie den besonderen Wert einer Beruflichen Situationsanalyse: mit ihr ist für alle Seiten eine verbindliche Richtlinie für die tägliche Arbeit erstellt, so daß der Unternehmer kein unkalkulierbares Risiko eingeht.

Führungsfehler

Auch neue Mitarbeiter wollen Verantwortung tragen – sie müssen nur wissen, in welchem Rahmen sie handeln dürfen.

Aber inwieweit nutzt eine Berufliche Situationsanalyse bei der Einarbeitung eines neuen Mitarbeiters?

Ich möchte dies an einem selbst erlebten Beispiel darstellen.

Als ich mich entschlossen hatte, zum HelfRecht-Studienzentrum zu wechseln, bat mich der Inhaber der Firma, bei der ich vorher beschäftigt war um folgendes:

In verantwortliche Position innerhalb von 14 Tagen eingearbeitet

Als erstes sollte ich die Stellenanzeige für den Nachfolger aufsetzen; als zweites legte mein Chef Wert darauf, daß ich die eingehenden Bewerbungen sichtete und schon eine Grobaus-

wahl vornahm. Als weiteres wünschte er meine Anwesenheit bei den Vorstellungsgesprächen.

Relativ bald war dann ein Nachfolger für mich gefunden, der sich mit Hilfe meiner Beruflichen Situationsanalyse – die sicherlich nicht bis ins letzte Detail perfekt ausgearbeitet war – einarbeitete. In der ersten Woche, in der der neue Mitarbeiter als mein Nachfolger im Unternehmen tätig war saß ich an meinem Schreibtisch und er daneben, ich erläuterte ihm immer wieder unter Hinweis auf die Darstellung in der Beruflichen Situationsanalyse, wie ich die einzelnen Arbeiten erledigte. In der zweiten Woche wechselten wir dann die Sessel, er war am Schreibtisch, ich saß daneben und beantwortete Fragen, wenn ihm irgendetwas unklar war.

Nach zwei Wochen war mein Nachfolger weitgehend eingearbeitet! Seinerzeit war ich als kaufmännischer Leiter für viele Aufgaben verantwortlich.

Der richtige Einsatz der Beruflichen Situationsanalyse kann Einarbeitungszeit auf ein Minimum reduzieren.

Sie wissen, daß nicht selten in der Praxis mit einer Einarbeitungszeit bei Führungskräften von rund einem Jahr gerechnet wird. Können Sie ermessen, welchen Wert deshalb die Berufliche Situationsanalyse für ein Unternehmen darstellt?

Welche Voraussetzungen schaffe ich, damit neue Mitarbeiter gut und schnell eingearbeitet werden können?

29. Schnelle und gute Einarbeitung neuer Mitarbeiter

Führungsfehler: Vorhandene Stärken werden nicht bewußt gemacht

Jeder Mitarbeiter eines Unternehmensbereichs sammelt unterschiedliche Erfahrungen bei seiner Tätigkeit. Um diesen Erfahrungsschatz zu nutzen, bieten sich regelmäßige Besprechungsrunden von Mitarbeitern des gleichen Unternehmensbereichs an.

Sind Sie sich bewußt, welches in Ihrem Unternehmen angesammelte Wissen nur zu einem Bruchteil erfolgswirksam verwertet wird? In vielen Betrieben gibt es beispielsweise ähnliche Aufgabengebiete, für die mehrere Mitarbeiter zuständig sind. Hier sollten Sie als Chef die Weichen stellen: Erfahrungen, die sich bei den Mitarbeitern permanent ansammeln, müssen verwertet und an Kollegen weitergegeben werden. Dies nennen wir »Erfahrungsaustausch-Runden«.

Zu solchen Besprechungsrunden treffen sich regelmäßig (einmal monatlich) die Mitarbeiter, die ähnliche Aufgaben erfüllen. Ein Besprechungsleiter gibt Themen vor, die sich aufgrund seiner Erfahrungen ergeben haben oder die aus dem Unternehmens-Jahreszielplan abgeleitet werden. Die Teilnehmer an der Besprechungsrunde können aber auch schon vorher ihre Wünsche, was besprochen werden soll, an den Gesprächsleiter richten.

Während des Erfahrungsaustausches wird dann möglichst praxisgerecht gearbeitet. Geht es beispielsweise um die Weitergabe von Erfahrungen aus Verkaufsgesprächen, so können diese Kenntnisse am besten in einem Rollenspiel – für die anschließende Besprechung mit Videokamera aufgezeichnet – vermittelt werden.

Welches Fachwissen hat sich in meinem Unternehmen angesammelt? Wie kann ich erreichen, daß dieses Fachwissen dort verfügbar ist, wo es sinnvoll verwertet werden kann?

30. Verwertung von Fachwissen

Der Erfolg einer derartigen Erfahrungsaustausch-Runde hängt vom Geschick des Leiters ab, die Diskussion zielgerichtet zu führen.

Auch wenn die regelmäßigen Besprechungsrunden Zeit und Geld kosten – es gibt kaum Investitionen, die sich schneller amortisieren!

Wenn ich empfehle, sich einmal pro Monat zu treffen, so reicht dies möglicherweise für viele Branchen nicht aus. Ich kenne Vertriebsorganisationen, bei denen der Leiter seine Mitarbeiter zu einem täglichen Gespräch bittet, denn für sie ist die tägliche Motivation von entscheidender Bedeutung. Mein Rat: Suchen Sie also den für Ihr Unternehmen oder Ihren Unternehmensbereich richtigen Turnus für die regelmäßigen Besprechungen.

Die Zeit, die für die Besprechungsrunden investiert wird, ist gut angelegtes Geld – nämlich in die Mitarbeiterschulung. So führe ich den Erfolg des HelfRecht-Studienzentrums beispielsweise nicht zuletzt auf unsere regelmäßigen Erfahrungsaustausch-Runden zurück.

Schieben Sie deshalb den Gedanken, eine Erfahrungsaustausch-Runde zu installieren, nicht schnell zur Seite. Analysieren Sie vielmehr gründlich, welche gleichgelagerten Arbeiten in Ihrem Unternehmen den gegenseitigen Erfahrungsaustausch sinnvoll erscheinen lassen.

Führungsfehler: Leistungen der Mitarbeiter werden zu wenig anerkannt

Fragen Sie sich einmal, wann Sie Mitarbeiter für gute Leistungen das letzte Mal gelobt haben. Spüren Sie das Defizit, das es auch meiner Erfahrung nach auf diesem Gebiet gibt?

Erinnern Sie sich an die Wünsche der Mitarbeiter? An erster Stelle steht der Wunsch nach Anerkennung und Lob für gut geleistete Arbeit. Und schon Gustav Großmann schrieb: Wer wertvolle Leistungen nicht anerkennt, ist ihrer nicht wert!

Durchdenken Sie diese Aussage sehr gründlich. Wer guter Leistungen nicht wert ist, wird auf lange Sicht keine guten Leistungen bekommen. Eine Negativ-Spirale beginnt sich zu drehen – und es kann durchaus sein, daß Sie nach einiger Zeit tatsächlich keinen Grund mehr haben, jemanden zu loben und anzuerkennen.

Mitarbeiter wollen anerkannt und gelobt werden. Wird dieses menschliche Grundbedürfnis nicht befriedigt, werden sie sich immer weniger für ihre Aufgabe und für das Unternehmen engagieren.

Ich habe es schon oft in diesem Buch angesprochen: Der Wunsch des Menschen ist, bedeutend zu sein. Er möchte mit seiner Arbeit etwas schaffen. Wenn er hierfür keine Anerkennung bekommt, wird sein Engagement nachlassen, vielleicht sogar bis zu der sogenannten inneren Kündigung. Wir müssen dann sehr selbstkritisch nach Ursachen und Wirkungen suchen.

Nicht selten ist das fehlende Lob eine zwangsläufige Folge dessen, daß die Führungskraft keinen meßbaren Grund dafür sieht. Und die Ursache: die Führungskraft hat kein Orientierungsmittel, ihr fehlen Ziele.

Wenn es keine klaren Ziele gibt, kann die Arbeit der Mitarbeiter auch nicht entsprechend gewürdigt werden.

Leider belegen statistische Erhebungen, daß die wenigsten kleinen und mittelständischen Unternehmen schriftlich formulierte Unternehmensziele haben. Hier beginnt der Teufelskreis: Ohne klare Ziele als Orientierungshilfen kann ich nicht erkennen, wie ich Schritt für Schritt diesen Zielen näher komme; Fortschritte werden nicht bewußt. Alles, was tagaus, tagein geschieht, ist normal, ist selbstverständlich – und deshalb wird auch nicht gelobt.

Mit klaren Zielen dagegen stellen Sie fest, wie Sie immer ein Stückchen weiter vorankommen, Sie können sich über die erreichten Erfolge freuen; Sie denken darüber nach, wer bei der Realisierung dieser Teilerfolge mitgewirkt hat und sprechen den Betreffenden eine Anerkennung aus.

Hier möchte ich noch einmal Charles Schwab zitieren: »Ich bin bis heute dem Mann noch nicht begegnet, wie berühmt er auch sein mochte, der nicht nach einer Anerkennung besser und einsatzfreudiger gearbeitet hätte, als nach einem Tadel.«

Der Chef ist es, der letztlich für die Leistung seiner Mitarbeiter verantwortlich ist.

Liegt es also nicht in erster Linie an uns, wenn wir mit der Leistung unserer Mitarbeiter nicht zufrieden sind?

Vielleicht ist hier für Sie unsere Definition des Erfolges hilfreich: Wir definieren Erfolg als das Erreichen selbst gesteckter Ziele. Planen Sie also Ihre Ziele, übertragen Sie Aufgaben und Verantwortung für die Zielerreichung auf Mitarbeiter, kontrollieren Sie die Zielerreichung und sprechen Sie auch das verdiente Lob aus!

Noch eine Hilfe: Denken Sie an den ebenfalls bereits zitierten erfolgreichen Unternehmer: Behandle Deine Mitarbeiter wie Deine Kunden!

Mitarbeiter haben ein Recht darauf, von Ihnen zu erfahren, wie Sie sie einschätzen. Aus der Psychologie wissen wir, daß eine Geringschätzung oder eine Nichtbeachtung eines Menschen für ihn die größte Strafe ist. Der logische Umkehrschluß lautet: Der größte Wunsch des Menschen ist es, bedeutend zu sein. Wie aber gehen wir mit diesem größten Wunsch der Mitarbeiter im Berufsalltag um?

Ein Beispiel dazu:

Ist die Maschine mehr wert als der Mensch?

Von einer Frau, die viele Jahre in demselben Unternehmen arbeitete, hörte ich folgenden, mit innerer Verbitterung ausgesprochenen Satz: »Bei uns wird die Aufstellung einer neuen Maschine durch die Geschäftsleitung mehr beachtet als die Einstellung eines neuen Mitarbeiters.«

Handeln wir oft nicht auch so gedankenlos?

Gedankenlosigkeit ist die Schwester der Herzlosigkeit. Welche Resignation steckt in der Aussage dieser Frau?!

Welche Hilfen schaffe ich mir, um nicht zu übersehen, wenn Mitarbeiter gute, anerkennenswerte Leistungen erbracht haben?

31. Anerkennung von Leistungen

Wie können wir aus diesem Mangel einen Erfolgsfaktor machen? Aus der Überschrift dieses Abschnitts erkennen wir bereits die Lösung: Sie werden keinen Betrieb mit ausgezeichnetem Betriebsklima finden, in dem es für die Führungskräfte nicht selbstverständlich ist, immer wieder mit den Mitarbeitern Gespräche zu führen. Auch wenn diese Gespräche Zeit kosten, hier investiert jede Führungskraft an der richtigen Stelle. Selbst private Sorgen und Nöte sollten die Mitarbeiter bei Ihnen ansprechen können, ohne daß Sie permanent auf die Uhr schauen und damit zeigen, daß Sie für dieses Gespräch an und für sich gar keine Zeit hätten.

Führungsfehler

Die Mitarbeiter müssen wissen, daß sie auch über private und persönliche Sorgen und Nöte mit ihrem Chef sprechen können.

Sie werden dem Mitarbeiter in den allerwenigsten Fällen bei privaten Nöten unmittelbar zur Lösung verhelfen können. Sie haben ihm aber bereits ganz wesentlich dadurch geholfen, daß Sie ihm zugehört haben. Sagt nicht der Volksmund: »Sich die Sorgen von der Leber reden«? Sorgen haben also dadurch, daß sie artikuliert werden, bereits einen großen Teil ihrer deprimierenden Wirkung verloren. Der Mitarbeiter spürt bestimmt eine Erleichterung, wenn er weiß, bei seinem Chef findet er einen Zuhörer – sogar für private Nöte.

Hier besteht zudem für Sie eine große Erfolgschance: Sie können sich gegenüber solchen Kollegenfirmen positiv abheben, die Gespräche über Privatangelegenheiten ablehnen, weil das Private mit dem Beruflichen angeblich nichts zu tun haben soll.

Privat- und Berufsleben lassen sich nicht voneinander trennen

Gehen Sie jedoch auf die privaten Sorgen und Nöte Ihrer Mitarbeiter ein, wird über den verständnisvollen Chef und den in Ihrem Unternehmen üblichen Führungsstil auch außerhalb des Unternehmens gesprochen. Können Sie sich vorstellen, welche Anziehungskraft ein solches Unternehmen dann für neue Mitarbeiter hat?

Ein Beispiel soll dies illustrieren:

Gut geführte Unternehmen haben keine Probleme, gute Mitarbeiter zu bekommen – sogar ohne Stellenanzeigen.

Nicht selten höre ich, daß sich einerseits Unternehmer beklagen, nicht die richtigen Fachkräfte zu bekommen. Andererseits gibt es jedoch viele Firmen, die keine Nöte haben, gesuchte Spezialisten zu erhalten. Was kann die Ursache dafür sein? Offensichtlich sind die einen Unternehmen viel attraktiver als die anderen. Und auch das ist sicherlich nicht durch Zufall entstanden, sondern wird in erster Linie vom Führungsverhalten der Chefs verursacht. Für mich ist deshalb jede Bewerbung um einen Arbeitsplatz in unserem Unternehmen – ohne daß wir Stellen ausgeschrieben hätten – ein meßbarer Beweis dafür, daß unsere Mitarbeiter positiv über ihren Arbeitsplatz berichten und dadurch gute Botschafter ihres Betriebes und des in ihm praktizierten Führungsverhaltens sind.

Führungsfehler: Mitarbeiter wissen nicht, wie ihre Leistungen beurteilt werden

Wie häufig sollten Sie mit Ihren Mitarbeitern über deren Leistungen sprechen? Die Mindestanforderung ist, daß Sie Ihren Mitarbeitern einmal im Jahr in einem Gespräch unter vier Augen sagen, wie Sie mit Arbeitsleistung, Engagement, Zuverlässigkeit oder Arbeitsgüte zufrieden sind.

Am besten ist es, wenn Sie für ein solches Beurteilungsgespräch einen Fragebogen vorbereiten, den Sie selbstverständlich für alle Mitarbeitergespräche verwenden. So entgehen Sie der Gefahr, aufgrund wechselnder Stimmungen unterschiedliche Fragen zu stellen und dann vielleicht die einzelnen Beurteilungen nicht miteinander vergleichen zu können. Denn ein solcher Vergleich ist notwendig, um zu erkennen, wie sich die Mitarbeiter über Jahre hinweg entwickelt haben – und für Sie kann dieser Vergleich unter Umständen bei der Besetzung einer höher qualifizierten Stelle ein Entscheidungskriterium sein.

Regelmäßige Beurteilungsgespräche – mindestens einmal jährlich – müssen sein! Sie geben dem Mitarbeiter Auskunft über seinen Stand im Team und zeigen ihm, wie er seine Stärken ausbauen und seine Schwächen abbauen kann.

Ich stelle immer wieder fest, wie zögernd Unternehmer solche Beurteilungsgespräche führen und sie überhaupt zu einer regelmäßigen Einrichtung werden lassen. Unbegründet sind in aller Regel die Bedenken, daß möglicherweise große Meinungsverschiedenheiten zwischen Chef und Mitarbeitern über die Leistungsbeurteilungen bestehen könnten und es deshalb besser sei, solche Gespräche gar nicht zu führen.

In der Mehrzahl aller Fälle werden Sie nämlich feststellen, daß sich Ihre Mitarbeiter selbst sehr kritisch sehen; sie beurteilen ihre eigenen Leistungen überwiegend weniger gut als ihr Chef.

Ist ein Mitarbeiter der Meinung, ungerecht beurteilt worden zu sein, ist das Gespräch zwischen seinem Chef und ihm um so wichtiger.

Kommt es tatsächlich einmal zu der Ausnahmesituation, daß ein Mitarbeiter sich selbst höher einschätzt als nach Ihrer Beurteilung, dann hat dieses Gespräch erst recht seinen Sinn gehabt. Hier liegt dann der Fall vor, daß Chef und Mitarbeiter ganz unterschiedliche Vorstellungen über die Erfüllung des jeweiligen Aufgabengebiets haben. Dann war es höchste Zeit, das Gespräch zu führen und die Mißverständnisse auszuräumen.

Ein ausgezeichnetes Hilfsmittel, solche Mißverständnisse zu beseitigen, ist die Nutzen- oder Zweckbeschreibung zu jeder Hauptaufgabe, wie sie in diesem Buch bereits dargestellt wurde. Eine solche Zweckbeschreibung schließt die beschriebenen Mißverständnisse ganz einfach aus.

Die Termine für Mitarbeitergespräche sind genauso verbindlich wie die Termine für Kundengespräche.

Ein jährliches Gespräch reicht selbstverständlich jedoch nicht aus, ein gutes Betriebsklima zu schaffen. In der Praxis ist es aber oft so, daß es zwar gute Vorsätze für häufige Mitarbeiter-Gespräche gibt – aber diese Gespräche werden dann vermeintlich wichtigeren Terminen »geopfert«. Erinnern Sie sich noch einmal an die Aussage des erfolgreichen Unternehmers: »Behandle Mitarbeiter wie die Kunden!« Ist es für Sie vorstellbar, einen Kundentermin einfach zu versäumen, weil es andere, vermeintlich wichtigere Dinge gibt? Also noch einmal die Empfehlung: Jeder, der als Führungskraft tätig ist, sollte in seiner Terminplanung auch Mitarbeitergespräche so verbindlich vormerken wie Kundengespräche. Gewiß – jeder

Mitarbeiter wird Verständnis dafür haben, wenn kurzfristig einmal der vereinbarte Termin verschoben werden muß. Das sollte aber die Ausnahme bleiben; selbstverständlich muß der Mitarbeiter außerdem rechtzeitig über die Terminverschiebung informiert werden – und Sie dürfen ihn keinesfalls erfolglos warten lassen, weil Sie vielleicht ein anderes Gespräch vorgezogen haben. Wie würden Sie sich fühlen, ließe man Sie bei einer Verabredung einfach sitzen? Sie wären über die Unhöflichkeit des Gesprächspartners verärgert und würden ihm gegenüber in Zukunft viel kritischer sein. Sollte sich dieses Erlebnis wiederholen, zögen Sie sich doch sicher von dieser Person zurück.

Katastrophal kann es auf Mitarbeiter wirken, wenn der Chef ganz einfach Termine ohne vorherige Ankündigung ausfallen läßt.

Denken Sie bitte zu Ende, welche Belastungen zwischen Ihnen und Ihren Mitarbeitern entstehen können, wenn Sie gedankenlos nach dem Motto vorgehen: Die Termine des Chefs sind wichtig, alles andere hat sich unterzuordnen.

Leider ist aber heute die Meinung noch sehr verbreitet, daß ein Chef durchaus das Privileg hat, Termine ohne Benachrichtigung der Mitarbeiter einfach ausfallen zu lassen – Motto: Der Chef hat seinen Grund, weshalb er zu der angesetzten Besprechung nicht kommen konnte.

Wer so vorgeht, der darf sich nicht wundern, wenn er nicht so engagierte Mitarbeiter hat, wie ein Unternehmer-Kollege, für den es selbstverständlich ist, seine Mitarbeiter wie Kunden zu behandeln.

Es hat also seine Ursachen, warum es engagierte Mitarbeiter auf der einen und desinteressierte Mitarbeiter auf der anderen Seite gibt. Selbstverständlich kann es keine Regel geben, wie häufig man mit seinen Mitarbeitern persönliche Gespräche führt – der Rhythmus muß vielmehr durch die unterschiedlichen Gegebenheiten in einem Unternehmen gefunden und individuell bestimmt werden.

Ich erstelle eine Liste, wann ich mit meinen mir direkt unterstellten Mitarbeitern ein Beurteilungsgespräch führe. Dieses nutze ich dann auch zu einem Gehaltsgespräch.

32. Führen von Beurteilungsgesprächen

Führungsfehler: falsch geführte Kritikgespräche

Ich möchte diesen Führungsfehler an einem Beispiel verdeutlichen:

Ein falscher Führungsstil kann Begeisterung und Engagement im Keim ersticken.

Eine junge Führungskraft erzählte mir, welche Probleme sie habe, von Mitarbeitern anerkannt zu werden. Aus dem Gespräch erfuhr ich, welche Fachkompetenz sich diese junge Führungskraft trotz der wenigen Berufsjahre bereits angeeignet hatte und mit welcher Begeisterung sie über den gewählten Beruf sprach. Fachkompetenz und Begeisterung für den Beruf sind ausgezeichnete Voraussetzungen für ein erfolgreiches Arbeiten – was auch bei einem noch so engagierten Mitarbeiter Fehler nicht ausschließt. Nun berichtete mir dieser junge Mann, nicht selten sei es geschehen, daß er vor der kompletten Belegschaft lautstark vom Firmeninhaber auf aufgetretene Mängel und Probleme aufmerksam gemacht worden sei.

Ob solche Vorwürfe gerecht oder nicht selten ungerecht sind, spielt bei dieser Betrachtung eine untergeordnete Rolle. Mir geht es hier ausschließlich um den Stil. Ist es ein Wunder, wenn diese junge Nachwuchskraft Probleme hat, von den Mitarbeitern geachtet und akzeptiert zu werden, daß man die Entscheidungen dieses Mitarbeiters kaum ernst nimmt? Immer wieder wird doch dieser jungen Führungskraft vom Firmeninhaber lautstark vor Augen geführt, wie unfähig sie ist.

Wir sollten daraus lernen: Kein Kritikgespräch darf in Anwesenheit anderer erfolgen; Könner in Menschenführung zeichnen sich vielmehr dadurch aus, daß sie solche Gespräche nicht so führen, daß der Mitarbeiter bloßgestellt und verunsichert wird, sondern daß er nach dem Gespräch mit guter Stimmung die Arbeit fortsetzt und die notwendigen Verbesserungen mit Elan anpackt.

Wie kann man das erreichen? Wenn Sie ganz selten oder gar keine Gespräche mit Ihren Mitarbeitern führen, werden Sie Ihre Mitarbeiter wenig kennen, Sie werden kaum wissen, wie die Aufgaben in den einzelnen Bereichen erledigt werden – und Sie werden die Erfolge und die in den verschiedenen Aufgabengebieten auftretenden Probleme nicht kennen. Dann werden Sie sich auch in einem Kritikgespräch sehr schwertun.

Wer ein Kritikgespräch führen will, muß sich vorher sehr genau über den Mitarbeiter informieren.

Eine hervorragende Basis für ein Kritikgespräch sind gute Informationen über das Leistungsvermögen des Mitarbeiters und seinen Wert innerhalb des Teams. Bringen Sie in Erfahrung, was dieser Mitarbeiter dazu beitragen kann, die Unternehmensziele zu erreichen. Hier gibt es dann genügend Ansätze, Positives an der gezeigten Leistung zu finden und dies auch in einem Kritikgespräch zu erwähnen. Wenn dann – und das ist ebenso notwendig – die aufgetretenen Probleme und Mängel angesprochen werden, geht es ausschließlich darum, gemeinsam nach den Ursachen zu suchen – und nicht nach dem Schuldigen.

Professor Dr. Harald Scheerer empfiehlt in seinem Seminar »Gewaltlos gewinnen« folgende Regel für Kritikgespräche:

Stufe 1: Anmeldung der Störung. Die Gesprächspartner sprechen offen ihre Gefühle und Gedanken an – ohne einen Vorwurf auszudrükken – und erklären gleichzeitig ihre Bereitschaft, gemeinsam nach einer Lösung zu suchen.

Schuldzuweisungen sind tabu!

Stufe 2: Die Gesprächspartner versuchen, ihre gegenseitigen Bedürfnisse zu erforschen und zu klären, welche Ursache(n) zu der Konfliktsituation führte(n) – wiederum ohne gegenseitige Schuldzuweisung.

Stufe 3: Gemeinsam wird anschließend nach Lösungen gesucht. Wichtig dabei ist, daß man zunächst nach Alternativen sucht, bevor man in die Diskussion über die Detailschritte geht (Brainstorming).

Stufe 4: Einigung auf eine für beide Seiten tragbare Lösung.

Wenn Sie nach diesem Schema vorgehen, finden Sie (wieder) die Basis dafür, daß Sie und Ihre Mitarbeiter die Unternehmensziele gemeinsam Hand in Hand realisieren.

Immer wieder: Ohne Unternehmensziele ist gute Mitarbeiterführung heute nicht mehr möglich!

Sie sehen: Schon wieder erwähne ich die Unternehmensziele als Orientierungsmittel für Sie und Ihre Mitarbeiter. Denn ohne Unternehmensziele ist eine gute Mitarbeiterführung heute überhaupt nicht mehr möglich. Ihnen und Ihren Mitarbeitern fehlt sonst die Orientierung: Was ist sinnvoll; was sollte besser unterlassen werden? Ohne diese Orientierung – und da spreche ich aus vieljähriger Erfahrung – sind Probleme vorprogrammiert.

Um diesen Sachverhalt zu verdeutlichen, möchte ich ein weiteres Negativ-Beispiel aus meinem Berufsalltag anfügen. Hier geht es diesmal um unklare Zuständigkeiten in einem Familienbetrieb. Dies führt oft zu außergewöhnlich unangenehmen Situationen, die viel Verdruß bereiten und einen Großteil der Energie verzehren, die doch sinnvollerweise in der Behauptung im Markt eingesetzt werden sollte.

Führungsfehler

Ich habe erlebt, daß wichtige Entscheidungen innerhalb weniger Minuten, sowohl aus Rivalitätsgründen, als auch wegen mangelnder Absprache, von den beiden Brüdern in einem Familienbetrieb entgegengesetzt entschieden wurden. Einer sagte »hü«, der andere »hott«. Ein deprimierendes Zickzack war die Folge. Die dadurch entstandenen Probleme wurden aber nicht zwischen den Familienmitgliedern ausgetragen; die Mitarbeiter waren vielmehr die Prügelknaben, wenn sie nicht das ausführten, was angeordnet war. Die gegensätzliche Anweisung des jeweils anderen Familienmitgliedes wurde als Begründung für die eigene Handlungsweise nicht akzeptiert.

Gegensätzliche Anweisungen führen zur Handlungslähmung.

Geben Sie also Ihren Mitarbeitern die Chance, sich ganz auf ihre Aufgaben zu konzentrieren und damit den Unternehmenserfolg am besten zu unterstützen. Wie Sie das erreichen können? Ganz einfach: Schaffen Sie klare Zuständigkeiten, damit nicht nur Sie, sondern auch Ihre Mitarbeiter wissen, wer innerhalb der Geschäftsleitung wofür verantwortlich ist. Wer darf welche Entscheidungen treffen?

Sie wissen, daß Sie bei den Detailzielen des Jahreszielplans bei den einzelnen Positionen ebenfalls die jeweiligen Zuständigkeiten angeben sollten. Treten bei der Realisierung eines Teilziels jedoch einmal Ungereimtheiten innerhalb der Geschäftsführung auf, so werden diese Probleme in diesem Gremium besprochen; die Mitarbeiter dürfen von solchen Unstimmigkeiten überhaupt nichts spüren. Nichts ist schlimmer als die Situation, daß die Mitarbeiter nicht wissen, wer für welche Entscheidung kompetent ist und die Verantwortung trägt.

Mitarbeiter spüren es sehr schnell, wenn eine Geschäftsleitung sich nicht einig ist über Ziele oder auch über die Wege, wie man Ziele erreichen soll.

Aber fragen wir uns doch einmal, was die Folge wäre, wenn die Unstimmigkeiten innerhalb der Geschäftsführung auf den Rücken der Mitarbeiter ausgetragen würden: Schlechte Mitarbeiter nähmen ihre Verunsicherung zum Anlaß, wenige oder gar keine Entscheidungen mehr zu treffen – denn dann kann man nichts falsch machen. Gute Mitarbeiter würden sich möglicherweise nach einem anderen Arbeitsplatz umsehen, der ihnen bessere Arbeitsbedingungen böte. Also auch hier wieder: eine Negativ-Spirale in Richtung Mißerfolg des Unternehmens.

Wie kann ich in Zukunft vorgehen, damit Kritikgespräche nicht zu einer Stimmungsbelastung führen?

Führungsfehler: Nur die eigene Meinung ist richtig

Der amerikanische Präsident Franklin Delano Roosevelt sagte einmal sinngemäß, daß er sehr zufrieden wäre, wenn die Trefferquote seiner Entscheidungen bei 75 Prozent läge.

Wie häufig gibt es im Unternehmen Konflikte, bei denen gegenteilige Meinungen aufeinanderprallen und jeder meint, seine Meinung sei die richtige.

Aber am folgenden Beispiel werden Sie erkennen, wie wichtig es ist, zu versuchen, auch die Meinung des anderen zu verstehen:

Auf den Standpunkt kommt es an: die Meinung des anderen akzeptieren.

Ein Pfarrer aus dem Elsaß bat junge Paare vor der Hochzeit jeweils zu einem Gespräch in sein Dienstzimmer. Dort hing ein Bild, das die seltene Eigenart hatte, von rechts hauptsächlich blau zu schimmern, während es überwiegend rot wirkte, wenn man es von links betrachtete. Gleich zu Beginn des Gesprächs bat er die junge Frau, sich links, und den jungen Mann, sich rechts vom Bild hinzustellen. Bevor er weitere Fragen stellte, bat er nur um die Auskunft, welche Hauptfarbe sie in diesem Bild sähen. Nun, wie erwartet: Die junge Frau sagte rot, der junge Mann blau. Vielleicht können Sie sich vorstellen, daß dieses Paar sich fast in Gegenwart des Pfarrers zerstritten hätte. Bevor es jedoch soweit kam, bat sie der Pfarrer, einmal die Plätze zu tauschen. Und wiederum fragte er den jungen Mann, was er sähe. Nun, diesmal stand er links und sah rot. Und die junge Frau auf der rechten Seite sah natürlich blau. Und er sagte dem Paar: Vergeßt bitte niemals während Eurer Ehe dieses Erlebnis. Es kommt immer auf den Standpunkt an; es kann deshalb viel Streit und Mißverständnis ersparen, wenn man gelegentlich den Standpunkt wechselt und sich in die Situation des anderen versetzt. Auch wenn Ihr einmal den Standpunkt des anderen nicht erkennen könnt, vertraut darauf daß es eine andere Seite, eine andere Lösung, eine andere Möglichkeit gibt.

Dieses Beispiel zeigt, daß wir uns bei unterschiedlichen Meinungen – bevor ein endgültiges Urteil gefällt wird – auch einmal in die Situation des anderen versetzen sollten. Weshalb sieht er den Sachverhalt so? Und nicht selten werden wir feststellen, daß dieser Standpunkt durchaus auch einiges für sich hat.

Aus diesem Grund schätze ich besonders die Besprechungsrunden, die auf Geschäftsleitungsebene innerhalb der Firmengruppe HelfRecht stattfinden. Hier zeigt sich nämlich ganz deutlich, daß nicht derjenige automatisch recht hat, der in der Hierarchie oben steht, sondern derjenige, dessen Argumente am vernünftigsten erscheinen.

Was im Team beschlossen wird, muß von allen daran Beteiligten mitgetragen werden – ohne Wenn und Aber.

Wichtig ist dann aber auch, daß eine Entscheidung, die im Team erarbeitet wurde, von allen mitgetragen wird – auch wenn sich später tatsächlich herausstellen sollte, daß die eigene Meinung, für die sich die Mehrheit nicht entscheiden konnte, doch die bessere gewesen wäre. Dann darf es auf keinen Fall zu einer Diskussion kommen: »Hätten wir doch ...« Man muß sich dann einfach bewußt sein, daß offensichtlich die eigenen

Argumente bei der Entscheidungsfindung nicht überzeugend genug dargestellt wurden.

Sich in die Lage des anderen versetzen, um ihn besser zu verstehen.

Die Regel, sich immer wieder einmal auf den Standpunkt des anderen zu stellen, um den anderen besser zu verstehen, beherzigen Sie schon im Verkauf: Sie versetzen sich in die Lage Ihres Kunden und gestalten Ihre Produkte/Dienstleistungen so, wie der Markt sie verlangt. Erinnern Sie sich an die Aussage eines erfolgreichen Unternehmers? Er sagte: Behandle Mitarbeiter wie Kunden! Keine Frage: Aufgrund einer solchen Vorgehensweise werden sich auch die Mitarbeiter besser untereinander verstehen; dies führt fast zwangsläufig zu einem besseren Betriebsklima. Und: Sie werden Ihre Mitarbeiter besonders motivieren, weil Sie sich ernsthaft mit ihrer Meinung auseinandersetzen. Ihre Mitarbeiter werden in ihrem Selbstwertgefühl gestärkt.

Führungsfehler: unberechenbarer Chef

Führungskräfte dürfen sich nicht dazu hinreißen lassen, negative Gefühle an ihren Mitarbeitern oder auch an ihrer Familie auszulassen.

Wir sind Menschen – keine Maschinen – und unterliegen deshalb zwangsläufig Stimmungsschwankungen. Niemand erwartet von uns, daß wir jeden Tag eine blendende Laune zur Schau stellen. Ich sage bewußt »zur Schau stellen«, denn stets gut gelaunt zu sein, wäre sicherlich geschauspielert und nicht echt.

Genauso selbstverständlich muß es für eine Führungskraft aber auch sein, eine schlechte Laune nicht an Mitarbeitern oder den privaten Partnern auszulassen.

Als bestes Mittel, mit seinen negativen Gefühlen aufgrund von Mißerfolgen die Umwelt nicht unkontrolliert zu belasten, hat sich herausgestellt: Halten Sie das Problemfeld, das Sie besonders bewegt, *schriftlich* fest. Zusätzlich sollten Sie die Ursachen, die für den Mißerfolg verantwortlich waren, unter dem Aspekt Ihrer eigenen Handlungsverantwortung suchen. Dann werden Sie eine Fülle von Ansatzmöglichkeiten finden, wie Sie in Zukunft vorgehen werden, um ähnliche Situationen zu vermeiden. Fragen Sie sich daher immer wieder, wenn Probleme auftauchen: »Was habe ich getan, was habe ich unterlassen, daß es zu dieser Situation kam?«

Immer wieder müssen wir uns fragen, ob wir nicht selbst die Ursache dafür waren, daß ein anderer einen Fehler gemacht hat. Andere Menschen können wir nicht ändern – nur uns selbst!

Selbst wenn ein Mitarbeiter oder ein Familienmitglied einmal »Mist gebaut« hat, so bringt es uns nicht weiter, wenn wir den Betreffenden mit Verachtung strafen. Auch in diesem Fall suchen wir besser bei uns nach den auslösenden Faktoren: Habe ich dem Mitarbeiter vielleicht zu wenig Informationen gegeben, habe ich ihn nicht genug eingearbeitet, ihm nicht den Sinn der zu erledigenden Arbeiten klar genug erläutert? Oder: Habe ich meinem Sohn vielleicht gar nicht gesagt, daß mir diese Handlungsweise, an der ich mich nun besonders stoße, bereits seit langer Zeit mißfällt?

Denn wen können Sie überhaupt ändern? Die Antwort ist einfach: Es gibt nur eine einzige Person, die Sie ändern können – das sind Sie selbst! Ihre Umwelt – im privaten und im berufli chen Bereich – müssen Sie überzeugen, daß dies auch für den Betreffenden sinnvoller ist. Er muß den für ihn entstehenden Nutzen erkennen; dann ist er bereit, an sich selbst zu arbeiten. Solange Ihnen das nicht gelingt,wird der andere nicht bereit sein, freiwillig – und nur darauf kommt es in einem partnerschaftlichen Miteinander an – seine Handlungsweise zu ändern.

Die Berechenbarkeit eines Chefs betrifft selbstverständlich nicht nur die Stimmung – aber: Die Stimmung ist für die eigene Leistung ebenso wichtig wie für die der Mitarbeiter.

Manche mögen zwar gern in der Lotterie spielen – im Beruf jedoch nicht!

Auch bei seiner Handlungsweise und der Beurteilung seiner Mitarbeiter muß der Chef stets berechenbar sein. Sollen Mitarbeiter Lotterie spielen, weil sie bei der Erledigung anfallender Routinearbeiten nicht erkennen können, ob sie nach den Wünschen und Vorstellungen ihres Chefs handeln? Gewiß nicht! Aber für viele ist es ein Lotteriespiel, zu erraten, ob ihre Arbeit den Vorstellungen des Chefs entspricht. Und ein Lotteriespiel ist es besonders dann, wenn ein Orientierungsrahmen – ich meine wieder einmal die klaren, schriftlich formulierten Unternehmensziele – fehlt. Im Rahmen festgelegter Ziele fällt es den Mitarbeitern in der Regel leicht, richtige Entscheidungen zu treffen. Fährt aber der Chef, weil keine Ziele vorhanden sind, einen Zickzack-Kurs, möchte er womöglich seine Spontaneität nicht durch Ziele »einengen« lassen – dann sehen wir ihn wieder: den unabkömmlichen Unternehmer, an dem letzten Endes auch die geringste Entscheidung hängt. Seine Mitarbeiter können nichts eigenständig entscheiden, denn sie können die Gedanken ihres Chefs schließlich nicht lesen.

Wie berechenbar bin ich für die Mitarbeiter? Können die Mitarbeiter auch in meiner Abwesenheit in meinem Sinne wichtige Entscheidungen treffen? Haben sie dafür einen entsprechenden Orientierungsrahmen?

34. Bin ich berechenbar?

Führungsfehler: ungerechter Chef

Das Betriebsklima kann ebenfalls erheblich belastet werden, wenn der Chef »Lieblingskinder« hat und diese Favoriten deutlich vorzieht. Diese Bevorzugung kann sich auf verschiedene Arten äußern: So drückt man beispielsweise bei der Unpünktlichkeit des einen beide Augen zu – der andere fällt bei geringeren Verstößen bereits in Ungnade. Oder: Mitarbeiter mit dem gleichen Aufgabengebiet werden sehr unterschiedlich entlohnt. Und: Mit dem einen Mitarbeiter geht man betont freundlich um, dem anderen zeigt man recht deutlich, daß er einem unsympathisch ist – viele Beispiele ließen sich noch anführen.

Zwei Mitarbeiter mit gleichen oder ähnlichen Aufgaben: Warum hat der eine ein höheres Gehalt als der andere?

In einem Unternehmen, in dem derart unterschiedliche Maßstäbe angelegt werden, kann kein gutes Betriebsklima entstehen. Menschen sind sehr empfindlich und empfindsam. Diese Erfahrung machen wir schon bei der Erziehung unserer Kinder: Nichts ist schlimmer, als unterschiedliche Maßstäbe anzulegen. Schnell ist ein Lieblingskind auf der einen Seite und ein »schwarzes Schaf« der Familie auf der anderen Seite geschaffen – und das alles von uns verursacht! Ist das nicht der beste Anschauungsunterricht für uns?

Daß wir uns nicht mißverstehen: Ich predige nicht die heile Welt. Jeder Mitarbeiter wird akzeptieren, daß Sie als Führungskraft bei einer besonderen Belastung auch einmal ungerecht handeln. Und wenn Sie sich anschließend entschuldigen, wird es nicht zu einer dauerhaften Beeinträchtigung des Arbeitsklimas kommen. Dies ist einfach gesagt, schwieriger ist es für eine Führungskraft, die Lektion – richtiger Umgang mit Mitarbeitern – zu lernen. Denn oft scheuen wir uns, eine Entschuldigung auszusprechen.

Was vergibt sich ein Chef, der einen Fehler eingesteht? Ist das nicht sogar ein Zeichen menschlicher Größe?

Aber ist es nicht sogar ein Zeichen persönlicher Größe, wenn wir unser Fehlverhalten offen eingestehen? Streben wir nicht diese persönliche Größe im beruflichen und im privaten Bereich an? Also müssen wir dann auch einmal über diese emotionale Hürde springen und uns selbst überwinden.

Bevorzuge ich Mitarbeiter? Benachteilige ich Mitarbeiter?

35. Wie stehe ich zu Mitarbeitern?

Führungsfehler: ungleiche Bezahlung

Die Amerikaner sind uns in bezug auf ihre offene Informationspolitik über die Einkommen der in einem Unternehmen Beschäftigten einen wesentlichen Schritt voraus. Wir sind offensichtlich noch nicht so weit, daß wir von allen Mitarbeitern, vom Chef bis zum Auszubildenden, die Einkommen veröffentlichen. Das darf aber auf keinen Fall ein Alibi sein für eine ungerechte Entlohnung.

Handeln Sie deshalb beim Entlohnen Ihrer Mitarbeiter stets so, daß Sie zu jeder Zeit die Liste der Einkommen Ihrer Angestellten veröffentlichen könnten. Schlimm ist es beispielsweise, wenn derjenige Mitarbeiter in der Einkommensskala weit oben steht, der am häufigsten Gehaltserhöhungen fordert. Bei einem Führungsstil, der auf derartige Wünsche eingeht, kann es dann schnell geschehen, daß ausgezeichnete Mitarbeiter, die nicht nach Verbesserungen ihrer Bezüge nachfragen, irgendwann am Schluß der Einkommenstabelle stehen. Dies darf auf keinen Fall passieren. Mindestens einmal pro Jahr – am besten im Rahmen der Mitarbeiter-Beurteilungsgespräche – sollten Sie sich als Führungskraft vergewissern, daß die Entlohnung aller Mitarbeiter gerecht ist.

Zur gerechten Beurteilung eines Mitarbeiters gehört auch die gerechte Entlohnung.

Wenn ein Mitarbeiter relativ häufig nach Einkommensverbesserungen fragt, werden Sie auch einmal »Nein« zu seinem Wunsch sagen müssen. Wenn dann der Mitarbeiter in dem Gespräch das

Gefühl hat, daß sich sein Chef mit seinem Gehalt und den Bezügen der Mitarbeiter genau auseinandergesetzt hat und es klare Gründe für eine Ablehnung der gewünschten Erhöhung gibt, wird er dies sicherlich auch akzeptieren. Gewiß – es ist einfacher, dem vorgetragenen Wunsch nachzugeben und »Ja« zu sagen; aber bedenken Sie die daraus entstehenden Folgen.

Paßt das Lohn-/Gehaltsgefüge? Sind Änderungen notwendig?

36. Stimmt das Lohn-/Gehaltsgefüge?

Führungsfehler: zu wenig oder zu häufige Kontrolle

Weder zu viel, noch zu wenig Kontrolle ist gut! Wir wissen zwar: Es ist eine der wesentlichen Führungsaufgaben, daß jeder Chef permanent prüfen muß, ob die angestrebten Ziele erreicht werden und ob die Mitarbeiter ihre Aufgaben wie abgesprochen erledigen.

Viel Fingerspitzengefühl erfordert es, das richtige Maß bei der Ausübung der Kontrollfunktion zu finden.

Ausreichende Kontrolle im richtigen Maß auszuüben, erfordert deshalb ein großes Fingerspitzengefühl und ist eine Herausforderung für jeden Chef. Das dabei richtige Maß hängt nicht zuletzt vom Leistungsvermögen des jeweiligen Mitarbeiters ab. Bei dem einen muß man die Kontrolle eng halten, der andere hat bewiesen, daß Stichproben ausreichen.

Am besten ist es, wenn der Chef ein System entwickelt, bei dem er automatisch die wesentlichen Kennzahlen von seinen wichtigsten Mitarbeitern regelmäßig, etwa einmal pro Monat, geliefert bekommt. In Unternehmen, die nach dem HelfRecht-Planungssystem geführt werden, beantwortet beispielsweise jeder Abteilungsleiter einmal pro Monat die Frage, ob nach dem bisherigen Stand die angestrebten Unternehmens-Jahresziele erreicht werden. Der Unternehmensführer kann sich dann auf jene Aspekte konzentrieren, bei denen die Gefahr besteht, das Ziel zu verfehlen.

Führungskräfte belasten sich zeitlich oftmals sehr stark, indem sie einen zu engen Kontrollrahmen setzen. Es kann nicht die Aufgabe des Chefs sein, etwa alle Wareneingänge – weil die Waren sehr hochwertig und teuer sind – zu prüfen, ebensowenig, wie jeden Abrechnungsbeleg für die erbrachten Dienstleistungen mit den erstellten Rechnungen zu vergleichen, um sicherzustellen, daß nicht eine Position übersehen wurde. Anfangskontrollen bei einem neuen Mitarbeiter sind zwar bei beiden zitierten Beispielen notwendig; den Rahmen der Stichproben erweitert die Führungskraft dann jedoch je nach zunehmender Qualifikation. Aber es dürfen eben nur Stichproben sein, sonst erzieht man den Mitarbeiter von vornherein zur Unselbständigkeit – mit den bereits erwähnten Folgen: Die schlechten Mitarbeiter werden noch schlechter; die guten Mitarbeiter suchen sich eine bessere Möglichkeit, ihre Begabungsstärken zu entfalten.

Führungsfehler

Auch neuen Mitarbeitern sollte schon ein relativ weiter Handlungsspielraum eingeräumt werden – sind die Kontrollen zu eng, erzieht man den Mitarbeiter zur Unselbständigkeit.

Ohne Kontrolle ist Anerkennung nicht möglich

Diese für manchen vielleicht zunächst überraschende Aussage hörte ich von einem Teilnehmer unserer Planungstage. Ist dieser Gesichtspunkt nicht interessant? Verstehen wir nicht häufig Kontrolle als eine lästige Aufgabe, die gern auf die lange Bank geschoben wird?

Wir wissen, wie wichtig Lob und Anerkennung als Motivationsfaktor für die Mitarbeiter ist. Beinahe bei jeder Kontrolle einer Aufgabenerfüllung stoßen Sie bestimmt auf Dinge, die anerkennenswert/lobenswert sind. Nutzen Sie diese Motivationsmöglichkeit.

Mit welchen Kontrollen stelle ich sicher, daß die Unternehmensziele bei guter Stimmung der Mitarbeiter und gutem Ruf für das Unternehmen erreicht werden? In welchen Bereichen sind enge, in welchen weiter gefaßte Kontrollen angebracht?

37. Kontrolle der Zielerreichung

Führungsfehler: mangelnde Zuverlässigkeit

Die Produkte oder Dienstleistungen eines Unternehmens können noch so gut sein; wenn Mitarbeiter des Betriebes aber gegenüber den Partnern unzuverlässig sind, wird das betreffende Unternehmen keine große Marktbedeutung erreichen. Die Zuverlässigkeit muß deshalb auch hier vom Unternehmensführer vorgelebt werden. Versprochene Termine und Zusagen – ganz gleich welchen Inhalts – müssen mit absoluter Sicherheit eingchalten werden.

Die meisten Leser dieses Buches werden nun denken: Das ist doch eine Binsenweisheit und selbstverständlich.

Höchste Zuverlässigkeit: ein wichtiger Garant für den Erfolg.

Aufgrund meiner vieljährigen beruflichen Erfahrung kann ich Ihnen aber nur dringend ans Herz legen, diesen Punkt einmal gründlich für Ihr Unternehmen zu durchdenken. Denn ich bin fest davon überzeugt, daß Sie sich mit höchster Zuverlässigkeit auch in einem hart umkämpften Markt heute noch profilieren können. Gewährleisten Sie, daß Sie Ihre Zusagen ganz sicher einhalten; nutzen Sie dazu ein bewährtes Hilfsmittel wie den HelfRecht-Planer. Wenn Sie Ihren privaten oder auch beruflichen Partnern beweisen, daß man sich absolut auf Sie verlassen kann, werden Sie schnell feststellen, wie Sie sich erfolgreich von anderen abheben können.

Ich möchte Ihnen hierzu ebenfalls ein selbst erlebtes Beispiel schildern:

Durch konsequente Kontrolle wurden Aufträge gesichert und Arbeitsplätze erhalten.

Ich arbeitete in einem Unternehmen, das elektronische Bauelemente für Konsumgüter herstellte. Zu unseren Kunden zählten in erster Linie Großunternehmen. Ein Kunde gehörte zu einer Firmengruppe, in der ein Betrieb gleichwertige Bauteile wie wir herstellte. Ich weiß von dem damaligen Einkäufer, daß ihm immer wieder vorgehalten wurde, er solle doch den konzern-eigenen Betrieb bei der Vergabe von Aufträgen bevorzugen und nicht so viel bei einer fremden Firma – bei uns – einkaufen. Wie habe ich es aber geschafft, daß wir – trotz dieser Ausgangslage – dennoch den Auftrag behielten?

Ich hatte meine Mitarbeiter gebeten, eine sichere Auftragskontrolle zu führen und mich zu verständigen, wenn irgendwelche Anschlußaufträge ausblieben. Nicht selten hatte ich seinerzeit nämlich festgestellt, daß aus irgendeinem Grund die Bedarfsanforderung für Bauelemente innerhalb des Unternehmens unseres Kunden »hängen geblieben« und der betreffende Einkäufer mir daraufhin sehr dankbar war, wenn ich ihn auf den fehlenden Anschluß aufmerksam gemacht hatte. Wer als Einkäuferin einem Großunternehmen einmal die Probleme erlebt hat, wennBänder stehen müssen, weil ein Produkt fehlt, der weiß die Zuverlässigkeit eines Partners zu schätzen.

Allein durch dieAuftragskontrolle und die damit gewährleistete zuverlässige Belieferung des Kunden konnten wir damals einen wesentlichen Teil unseres Umsatzes sichern.

Erziehen Sie Ihre Mitarbeiter zu der gleichen Pünktlichkeit, die Sie vorleben. Am besten erreichen Sie dies, indem Sie Ihre Mitarbeiter mit dem gleichen Hilfsmittel ausstatten, mit dem Sie arbeiten. Zuvor ist bei einigen Mitarbeitern möglicherweise erst ein Gewöhnungsprozeß erforderlich, bis einmal gemachte Zusagen – gleich welcher Art – eingehalten werden. Aber wenn Sie zeigen, daß ein »Vergessen« nicht akzeptiert wird, erziehen Sie Ihre Mitarbeiter auch sehr schnell.

Zur optimalen Kommunikation im Unternehmen ist es notwendig, daß die Mitarbeiter mit dem gleichen Zeitplanbuch wie der Chef arbeiten. Ein solcher Planer ermöglicht es auch, die Erledigung von Aufgaben zu kontrollieren.

Die Erledigung von Aufgaben, die Sie Ihren Mitarbeitern übertragen haben, können Sie ganz einfach kontrollieren: In Ihr Zeitplanbuch heften Sie eine Kopie der Auftragserteilung beim festgelegten Erledigungstermin ab. Voraussetzung dafür ist selbstverständlich, daß Sie und Ihre Mitarbeiter mit dem gleichen Zeitplanbuch arbeiten – Größe und Lochung müssen übereinstimmen, sonst können Sie die vorgeschlagene einfache Art der Kontrolle nicht durchführen.

Zeigen Sie als Vorgesetzter Zuverlässigkeit Ihren Mitarbeitern gegenüber, auch bei der Einlösung von Zusagen. Haben Sie beispielsweise eine Gehaltserhöhung versprochen – etwa nach einer Einarbeitungszeit oder bei Erreichen eines bestimmten Zieles –, darf der Mitarbeiter nicht mehr nachfragen müssen. Er muß sich vielmehr fest darauf verlassen können, daß Sie zu Ihren Zusagen stehen.

38. Persönliche Zuverlässigkeit

Wie zuverlässig bin ich? Können sich meine Partner auf die zuverlässige Erfüllung meiner Zusagen verlassen?

Führungsfehler: Pünktlich müssen nur die Mitarbeiter sein, nicht der Chef

Dieser Bereich ist dem sehr verwandt, den ich Berechenbarkeit des Chefs nannte. Mir erscheint er aber so wichtig, daß ich ihn noch einmal separat behandeln will.

An einem Beispiel möchte ich dies verdeutlichen:

Ein unpünktlicher Chef nimmt jegliche Arbeitsfreude.

Sehr tief bewegt hat mich ein Gespräch mit einem Mitarbeiter eines Unternehmens, das durch seine exzellente Dienstleistung einen rasanten Aufstieg schaffte. Als dieser Mitarbeiter mir aufzählte, was ihm an seinem Arbeitsplatz alles gefalle, dachte ich, besser könne er sich ihn nicht wünschen. Dann kam aber eine Aussage, die alle geschilderten Vorzüge so uninteressant machten, daß der Mitarbeiter sich mit dem Gedanken trug, seinen Arbeitsplatz zu wechseln: Er störte sich nämlich sehr daran, daß kein Besprechungstermin pünktlich anfangen konnte, weil der Chef noch fehlte. Eine halbe Stunde Verspätung war die Regel, eine Stunde Verspätung keine seltene Ausnahme.

Dürfen wir mit einem Mitarbeiter nachlässiger umgehen als mit einem Kunden?

Wer gibt uns eigentlich das Recht, mit unseren Mitarbeitern so nachlässig umzugehen? Halten wir deren Arbeit für so unwichtig, daß es keine Rolle spielt, ob eine halbe Stunde oder gar eine Stunde nichts getan wird? Versetzen Sie sich bitte in die Lage eines Mitarbeiters: Wie soll er in einem solchen Fall den Wert seiner Arbeit einschätzen?

Bin ich gegenüber meinen Partnern ein Vorbild an Pünktlichkeit?

39. Termineinhaltung

Führungsfehler: sich vor unangenehmen Entscheidungen drücken

Je höher man in der Unternehmens-Hierarchie aufgestiegen ist, desto unangenehmere Entscheidungen gibt es immer wieder einmal zu treffen. Sicher zu den unangenehmsten Aufgaben zählt es, sich von langjährigen Mitarbeitern trennen zu müssen, weil Faktoren eingetreten sind, die für beide Seiten ein weiteres Zusammenarbeiten nicht mehr sinnvoll erschcinen lassen.

Sind alle Für und Wider einer möglichen Trennung abgewogen und bleibt nur dieser Weg, so dürfen wir das notwendige Gespräch nicht auf die lange Bank schieben. Schlimm wäre es nämlich, wenn der Betreffende von einem Mitarbeiter oder sogar von Firmenfremden erfahren müßte, daß eine Trennung ansteht.

Auch wenn es manchmal hart ist: Eine Trennung ist für beide Seiten oftmals die beste Lösung.

Ich habe in meinem Berufsleben hin und wieder die unangenehme Pflicht gehabt, Kündigungen auszusprechen. Dabei gehe ich wie folgt vor: Zunächst suche ich sehr sorgfältig nach den Ursachen, die möglicherweise dafür verantwortlich sein könnten, daß der Mitarbeiter nicht die erwartete Leistung erbringt. Zusätzlich investiere ich Geduld und warte ab, ob sich die Situation nicht vielleicht doch noch bessert. Bringt aber beides – die Suche nach den Ursachen und die aufgebrachte Geduld – nicht den gewünschten Erfolg und gibt es keine Aufgabe im Unternehmen, die dem Begabungspotential des Mitarbeiters enstpricht, dann bleibt keine andere Wahl als eine Trennung.

Die Mitarbeiter spüren es meistens als erste, wenn ein anderer nicht (mehr) in ihr Team paßt. Eine notwendige Trennung stößt dann auf volle Zustimmung.

Dabei stellte ich immer wieder folgende Nebenwirkung fest: Die übrigen Mitarbeiter des jeweiligen Teams hatten sich innerlich bereits von dem betreffenden Mitarbeiter gelöst, weil sie spürten, daß er nicht mehr zum Team paßte. Wurde dann die Kündigung ausgesprochen, stieß ich ohne Ausnahme auf Verständnis für diese Entscheidung.

Wichtig ist aus meiner Sicht: Ihre Aufgabe als Führungskraft muß es sein, den Unternehmenserfolg im Blick zu haben. Es ist deshalb falsch verstandene Großzügigkeit, sich von einem Mitarbeiter nicht zu trennen, der nicht (mehr) ins Team paßt. Dies kann nämlich den gesamten Unternehmenserfolg in Frage stellen; Sie gefährden damit nur noch mehr Arbeitsplätze.

Eine Trennung liegt in der Regel im Interesse des Unternehmens und des Mitarbeiters. Jeder spürt doch, wenn er nicht oder nicht mehr die Erwartungen der Kollegen und des Chefs erfüllen kann. Jeder Arbeitstag wird ihm zur Last. Betrachten wir dazu noch die Gesetzmäßigkeiten der psychosomatischen Medizin – Arbeitsunlust führt zu gesundheitlichen Beeinträchtigungen –, dann ist es allein schon deshalb die Pflicht des Chefs, zu handeln.

Sie sollten ein gutes Gewissen haben, wenn Sie zu Ihren Personalentscheidungen nachträglich sagen können: Ich habe mich in der Vergangenheit nur von jenen Mitarbeitern getrennt, die nicht oder nicht mehr zu uns paßten. Selbst wenn

Ihnen auch einmal eine Fehlentscheidung unterlaufen sein sollte, so ist diese Ausnahme sicherlich für ein gutes Betriebsklima besser, als wenn man sich grundsätzlich vor unangenehmen Entscheidungen zu drücken versucht. Denken Sie bitte auch daran, daß die anderen Mitarbeiter diese Entscheidungen von Ihnen erwarten.

Bedienen Sie sich bei der Notwendigkeit, sich von einem Mitarbeiter trennen zu müssen, eventuell auch einer »Outplacement-Beratung«. Kompetente Personaldienstleister können Ihrem Mitarbeiter durch gründliche Analysegespräche helfen, (wieder) die Begabungsstärken klar zu erkennen und darauf aufbauend ein Zielszenario eines zukünftigen beruflichen Betätigungsfeldes zu erstellen.

Das Honorar für eine Outplacement-Beratung ist sehr gut investiertes Geld. Die Beratung erhöht die Chance, daß ein Mitarbeiter wieder eine seinen Fähigkeiten angemessene Aufgabe erhält. Unterschätzen Sie dabei nicht die Wirkung Ihres fairen Verhaltens auf die Mitarbeiter in Ihrem Unternehmen.

Gibt es in meinem Unternehmen Probleme, weil ich eine notwendige Personalentscheidung vor mir herschiebe? Wie löse ich die Probleme? Gibt es andere Aufgaben für die betreffende Person oder ist eine Trennung für beide sinnvoller?

40. Aufgeschobene Personalentscheidungen

Führungsfehler

Nicht selten entsteht die Notwendigkeit, sich von einem Mitarbeiter zu trennen, durch Zusammenlegung von Betriebseinheiten oder durch Zusammenschluß verschiedener Firmen. Wenn zwei Unternehmen zusammengelegt werden, müssen zwangsläufig auch verschiedene Führungskräfte ihren Arbeitsplatz verlieren.

Ein Beispiel dazu:

Wie freigesetzte Führungskräfte neue Positionen finden können.

Ich lernte einen Herrn kennen, der in Unternehmen immer wieder als Krisenmanager eingesetzt wurde, um nach Rationalisierungsmöglichkeiten zu suchen. Dieser Manager sagte mir, daß er sich das Schicksal der Führungskräfte, die durch Umorganisationen frei würden, zum eigenen Schicksal machen und zusammen mit den Betroffenen Lösungen erarbeiten würde. Nicht selten sei es ihm gelungen, die Führungskräfte in neuen Aufgabengebieten unterzubringen, die sogar noch mehr ihren Begabungsstärken entsprochen hätten.

Wenn wir dies auf den Arbeitsalltag übertragen, so sollten wir zusammen mit den Mitarbeitern nachdenken, wie wir ihnen beim Finden eines neuen Arbeitsplatzes behilflich sein können. Die Verbindungen, die wir doch in aller Regel besitzen, verschaffen uns viele Informationen, die wir an die betroffenen Mitarbeiter weitergeben können.

Nicht selten kommt es auch zu einem Kündigungsgespräch, weil wir bei der Einstellung eines neuen Mitarbeiters nicht sorgfältig genug vorgegangen sind.

Meine Empfehlung: Gehen Sie bei der Besetzung einer neuen Stelle genauso umsichtig vor wie bei einer Sachinvestition. Die Zeit, die wir in ein klares Anforderungsprofil investieren, ist gut eingesetzt. Wir ersparen uns dadurch möglicherweise ein Kündigungsgespräch, wenn wir zu schnell einen Mitarbeiter eingestellt haben, der nicht zum Unternehmen paßt.

Wenn wir erkannt haben, daß wir nicht den richtigen Mitarbeiter für die entsprechende Position eingestellt haben, müssen wir rasch handeln und Konsequenzen ziehen.

Das soll aber nicht bedeuten, daß wir uns durch ein Anforderungsprofil grundsätzlich vor Enttäuschungen schützen können. Ein Restrisiko, möglicherweise doch den falschen Mitarbeiter zu engagieren, bleibt immer noch.

Schwierige Personalentscheidungen zählen sicher zu den größten Herausforderungen; aber auch komplizierte Sachentscheidungen fordern Führungskräfte sehr häufig heraus. Stets gilt aber: Wir sollten uns unserer Gehirnfunktionen bewußt werden und Entscheidungen nicht auf die lange Bank schieben. Statt dessen sollten wir rechtzeitig mit einer Ideensammlung beginnen, um möglichst viele Faktoren im Entscheidungsprozeß berücksichtigen zu können. Auch wenn die zu treffende Entscheidung erst in mehreren Tagen oder sogar Wochen ansteht, reifen unsere Gedanken doch durch eine rechtzeitige Ideensammlung heran; wir müssen nicht unter Zeitdruck wichtige Entscheidungen treffen.

Führungsfehler: Schwarzmalerei

»Das Klagen über die schlechte Lage gehört zum Handwerk eines Unternehmers.« Dies trifft – leider – auf viele Unternehmer zu, auch wenn es ihrem Betrieb bestens geht.

Aber was wollen diese Klagen bewirken? Sollen sich die Mitarbeiter besonders anstrengen? Sollen sie verhindern, daß Mitarbeiter zu hohe Forderungen, etwa nach Einkommensverbesserungen, stellen? Einen solchen Führungsstil halte ich für sehr bedenklich!

Was bringt es einem Unternehmer, wenn er über die angeblich schlechte Lage seines Betriebes klagt?

Richtig ist vielmehr, die Situation eines Unternehmens so darzustellen, wie sie tatsächlich ist – in guten und in schlechten Zeiten. Glauben Sie nicht auch, daß Mitarbeiter lieber in einem Unternehmen arbeiten, das gut floriert? Und wenn dies so ist, dann müssen die Mitarbeiter auch über die wirkliche Lage ihres Betriebes informiert sein.

Bezeichnend ist doch, mit welchem Selbstwertgefühl Mitarbeiter erfolgreicher Unternehmen von »ihrem« Betrieb schwärmen. Sie sind stolz, in dieser Firma tätig zu sein und ihren Anteil am Erfolg beitragen zu können.

Aber selbst wenn es schwierige Zeiten gibt, sollte der Unternehmer nicht diese schlechten Zeiten beklagen.

Die eigene Konjunktur machen!

Beispiel:

Ich kann mich gut an die Aussage eines Unternehmers erinnern, der während der durch den ersten Ölpreisschock ausgelösten Wirtschaftskrise sagte: »Unsere Konjunktur machen wir uns selbst.«

Das ist die einzig richtige Betrachtungsweise. Sie werden nämlich immer feststellen, daß in schwierigen wirtschaftlichen Zeiten nicht alle Unternehmen in gleicher Form Umsatz- und Gewinneinbußen hinnehmen müssen. Die Schere zwischen den Unternehmen, denen es ausgezeichnet geht und jenen, die vielleicht sogar aufgeben müssen, geht vielmehr weiter auseinander.

Das Nutzenbieten beginnt bei den kleinsten Dingen.

Denken Sie einmal über die möglichen Gründe nach: Die Unternehmer, die sich im harten Wettkampf behaupten konnten, waren für den Markt attraktiver als die anderen – denken Sie an die 4-A-Regel (attraktiver als alle anderen). Denn nicht nur in Krisenzeiten sollten Unternehmer permanent besonders sorgfältig über den Nutzen, den sie ihren Kunden mit ihren Produkten und Dienstleistungen bieten, nachdenken. Dabei fängt das Nutzenbieten mit vermeintlich selbstverständlichen Dingen an: beispielsweise guter Service, Zuverlässigkeit oder Freundlichkeit der Mitarbeiter. Frage: In welchem Geschäft kaufen Sie lieber ein? Doch sicherlich in jenem, in dem Sie gut und freundlich bedient werden.

Ein weiteres Beispiel zum Nachdenken:

Wenn der Chef der Pessimismus in Person ist.

Ein Unternehmer berichtete über seine Probleme. Als er vor einigen Jahren den Sitz seiner

Firma verlegte, beging er seiner Meinung nach den größten Fehler: Sein Standort sei nun in unmittelbarer Nähe eines Großbetriebes und deshalb – weil der Großbetrieb attraktiver sei – bekomme er keine guten Mitarbeiter. Mit seinen Produkten sei er auch nicht mehr glücklich, denn diese würden permanent von anderen kopiert und billiger auf den Markt gebracht. Er hoffe nur, daß sein Unternehmen die Zeit, bis sein Sohn als Nachfolger eintreten würde, überleben könne.

Führungsfehler

Ist es ein Wunder, daß dieser Unternehmer keine guten Mitarbeiter findet? Er strahlt Pessimismus durch Worte und Gestik aus. Ein guter Mitarbeiter wird sich doch von einem solchen Chef, der zur Existenzfähigkeit seines Unternehmens kein Zutrauen mehr hat, eher abgestoßen als angezogen fühlen. Wer dagegen in seine Produkte verliebt und von dem Nutzen, den er damit den Kunden bietet, überzeugt ist, der strahlt eine ansteckende Zuversicht aus.

Wer ist erfolgreicher: der Pessimist oder der Optimist?

Gerade in schwierigen Situationen darf sich ein Unternehmer nicht an den Kollegenfirmen orientieren, denen es ebenfalls schlecht geht. Er muß sich vielmehr der Herausforderung stellen und die bestehenden Chancen ergreifen. Denn gerade in einer Wirtschaftskrise gibt es große Möglichkeiten, sich im Markt zu profilieren und zu den florierenden Unternehmen zu zählen.

Die Krise als Chance.

41. Information der Mitarbeiter

Informiere ich die Mitarbeiter über die jeweilige geschäftliche Situation nur in Krisenfällen oder informiere ich auch über Erfolge? Gebe ich den Mitarbeitern positive Zukunftsperspektiven?

Zusammenfassung

Von den Erfolgreichen lernen, wie sie ihren Unternehmenserfolg erzielten; genauso aber die Erfolglosen betrachten und von ihnen lernen, wie man nicht vorgeht – das ist der Weg, den ein erfolgreicher Unternehmer beschreiten sollte. Das beste Mittel für einen dauerhaften Erfolg ist die unermüdliche Suche nach dem Mehrnutzen, den Kollegenfirmen nicht bieten.

Schöpfen Sie das kreative Potential Ihrer Mitarbeiter aus! Alle Beteiligten, Ihr Unternehmen und der Markt werden davon großen Nutzen haben!

Das ist zweifellos eine große Herausforderung für eine Führungskraft. Die erfolgreiche Bewältigung dieser Hauptaufgabe A (Analyse der Chancen und Entwicklung der Ziele) ist aber einen hohen Aufwand wert. Denken Sie daran: Bei der Suche nach permanenten Verbesserungsmöglichkeiten Ihrer Nutzenbieteleistungen sollten Sie Ihre wichtigsten Mitarbeiter mit einbeziehen und deren kreatives Potential ausschöpfen. Je mehr Ideen gesammelt werden, desto wahrscheinlicher werden Sie zusammen mit Ihren Mitarbeitern zur rechten Zeit die richtigen Entscheidungen treffen.

Dazu wünsche ich Ihnen eine glückliche Hand!

Nutzen Sie unser Beratungsangebot!

Jederzeit stehen Ihnen Führungspersönlichkeiten des HelfRecht-Studienzentrums zur Verfügung.

Denken Sie auch an die im Preis dieses Buches enthaltene telefonische oder schriftliche Beratung durch versierte Führungspersönlichkeiten des HelfRecht-Studienzentrums. Rufen Sie uns an (0 92 32/6 01-0) oder schreiben Sie uns (HelfRecht, D-95680 Bad Alexandersbad), wenn Sie Fragen zur Nutzung des HelfRecht-Planungssystems haben.

Ihr
HelfRecht-Studienzentrum